www.einaudi.it

ISBN 978-88-06-19419-2

Eugenio Scalfari

L'uomo che non credeva in Dio

Einaudi

L'uomo che non credeva in Dio

Se aveste mai dormito con un gatto
o con un cane adagiato sopra al grembo,
ora sapreste che la metamorfosi è possibile –
che uomo e gatto e cane sono
entità volatili e cangianti: nel sonno
condiviso scompaiono le stinte
gerarchie tra cavalieri e fanti.

FRANCO MARCOALDI

Capitolo primo

Una stagione fatata

Mi teneva in braccio e io piangevo disperatamente, aggrappato a lei, con un singhiozzo lungo che mi consumava tutto il respiro fino a soffocarmi, quando il singhiozzo finiva era finito anche il respiro, come nei sogni quando ti senti affogare e l'anima sta per volare via e tu annaspi tra la morte e la vita sorretto solo da quella fitta di dolore che ti chiude la gola e il cuore.

Mi teneva in braccio e m'accarezzava la testa spingendola dolcemente nel cavo della sua spalla ad offrirmi riparo, ma nel buio caldo di quel riparo il pianto riprendeva con la stessa violenza e di nuovo restavo senza forze, arreso di fronte a un'incomprensibile incombente ingiustizia.

Mi aveva detto: dobbiamo andar via, lasceremo questa casa, è troppo grande per noi, ne avremo un'altra, ti piacerà, c'è un grande cortile e tante scale e i gatti che giocano su e giú, ti abbiamo comprato un letto grande, vedrai com'è bello vedrai, e continuava a carezzarmi la testa e a nascondermi il viso contro la sua spalla ma io mi accorsi che anche lei piangeva sotto l'onda dei capelli bruni mischiando le sue lacrime con le mie.

Anche lei c'era nata in quella casa ventitre anni prima di me, ne conosceva tutti gli anditi, i mobili, gli oggetti disposti come lei voleva che fossero, il bacile smaltato sopra il treppiedi di ferro, l'armadio di noce dov'erano conservate le lenzuola di lino e le tovaglie profumate di canfora e di spighetta, le pentole di rame appese alla parete della cucina, l'attaccapanni con lo specchio e i pioli ad uno dei quali c'era ancora attaccato il cappello grigio a larghe tese del nonno e il suo bastone col pomo d'avorio e d'argento.

Mi svincolai dal suo abbraccio e ricordo di averle detto: «Quando sarò grande te la ricomprerò e torneremo qui», e ridemmo tutti e due consolati tra le lacrime che ci rigavano ancora le guance.

Forse quella promessa l'avrei mantenuta, ma quando fui grande e tornai in quel luogo dell'infanzia la casa non c'era piú, sprofondata in un cratere di bombe da cui emergevano pochi muri sdentati e rovine sparse tutt'intorno insieme a travi, calcinacci e spezzoni di tegole. La guerra era passata furiosamente distruggendo le banchine del porto, il muraglione dell'Arsenale, le pescherie, la Torre della Rocca, la chiesa di Santa Firmina e i palazzi di piazza della Vittoria. Al posto della casa dove ero nato vent'anni prima c'era solo quel cratere. Piú tardi ci costruirono una sconcia palazzina coi mattoni a vista e le tapparelle alle finestre al posto delle lunghe persiane che ombreggiarono protettrici i primi anni della mia vita.

Quel pianto disperato in braccio a mia madre è il mio primo ricordo, insieme alla finestra sul mare, il cesso sul balcone e la ringhiera di ferro, le navi del porto che partivano e arrivavano, il suono della sirena del postale che salpava per la Sardegna e i gabbiani che volavano maestosi e all'improvviso cadevano a picco sui pesci del mare e sulle immondizie della darsena.

Da quella finestra è cominciata la mia vita, la mia memoria, la mia malinconia. Anche il mio risentimento e la voglia di compensare un torto subito.

Come mia madre mi aveva preannunciato la nostra nuova abitazione era al terzo piano d'un vecchio palazzo pieno di scale, di gatti semirandagi e dell'odore acre della loro orina e del seme che i maschi spargevano dovunque in quegli antri bui quando le femmine andavano in calore strusciando a coda dritta sulla pietra dei gradini e mugolando con il lagno solitario della voglia amorosa.

Dall'androne del palazzo si divaricavano due scale senza luce che dividevano simmetricamente l'edificio in due ali, due cortili a ringhiera, un corridoio che bucava il muro divisorio e collegava le due metà. Ma a partire dal primo piano le rampe diventavano quattro e gli appartamenti otto per piano. Tra i due cortili non c'era comunicazione, sicché per passare da uno all'altro bisognava scendere al piano terra e salire fino al quinto dove la chiostra tornava ad essere percorribile attraverso una balconata che girava intorno ai quattro lati del palazzo e alle finestrelle che davano luce agli abbaini.

Questa struttura complicata possedeva un fascino intenso che stimolava esplorazioni, incontri furtivi, impreviste avventure. Le mamme piú possessive – la mia era una di quelle – vietavano ai bambini di rincorrersi e nascondersi in quel labirinto di ringhiere per timore che vi si perdessero o facessero cattivi incontri, ma i divieti accrescevano il senso della trasgressione e dunque il gusto di trasgredire.

Quando prendemmo alloggio al terzo piano di quel labirinto io comunque ero troppo piccolo per infrangere i divieti e poi il gusto della trasgressione non faceva parte del mio carattere, ero timido, temevo il buio, le presenze invisibili, i rischi delle imprese coraggiose. Perciò non feci comunella con la masnada dei piú grandi che nei pomeriggi invernali metteva a rumore i cortili e le scale del casamento.

Me ne stavo in una delle tre stanze del nostro appartamento, destinata a camera da pranzo e luogo dei miei giochi. Dava sulla chiostra del cortile con una portafinestra dai vetri smerigliati per impedire che ci guardassero dentro. Accanto c'era lo stanzone semibuio della cucina; la stanza da letto e il salotto affacciavano invece sulla piazzetta di Sant'Antonio.

Era difficile non sentirsi triste e non annoiarsi in una casa fatta in quel modo. Passare le ore lunghissime del pomeriggio schierando sul tavolo da pranzo soldatini e figurine, dondolando su un cavallino nero di pannolenci e facendo le maglie all'uncinetto per due bambole con la testina di ceramica, una negretta e una cinesina, che piegandole chiudevano gli occhi e mettendole in piedi mandavano un suono da gattino neonato.

Erano quelli i passatempi delle mie giornate, mia madre mi considerava piú una femminuccia che un maschietto, avevo capelli lunghi e biondi fino alle spalle.

Mio padre però mi aveva regalato una sciabola e un cappello a lucerna da carabiniere. Ogni tanto, quando montavo sul cavallo a dondolo, me lo calcavo in testa, ma durava poco perché non avevo nessuno che giocasse alla guerra con me.

Finalmente uscivamo verso le sei della sera, per assistere alla funzione nella chiesa di Sant'Antonio che stava di fronte alle finestre di casa mia, nella piazza cui il santo dava il nome sebbene al centro fosse stata eretta una statua di Garibaldi, con l'eroe in piedi appoggiato ad un fusto di cannone che gli faceva da sostegno, la sciabola in mano puntata verso Roma e tanto di iscrizione datata 1883 che mio padre leggeva ad alta voce ogni volta che ci passava davanti: «All'Eroe dei due mondi | alfiere di libertà e indipendenza | artefice dell'unità della Patria | il Grande Oriente | da lui lungamente guidato | per imperituro ricordo | pose».

Dopo aver scandito la metrica dell'iscrizione, mio padre si guardava fieramente intorno e aggiungeva a conclusione un sonoro «Perdio» che era la massima espressione del suo laicismo massonico.

Nessuno faceva caso alla contraddizione tra la statua e la chiesa; il parroco anzi usciva a spruzzare d'acqua benedetta le fattezze marmoree dell'Eroe la sera di ogni 2 giugno, anniversario della sua morte, in mezzo a una piccola folla di garibaldini in camicia e berretto rosso, figli o nipoti dei volontari che avevano accompagnato il Generale alla difesa di Roma, a Calatafimi, sul Volturno, sull'Aspromonte, a Mentana e che, dopo quella benedizione e un discorso di saluto di chi comandava quei guerrieri di seconda e terza generazione già vecchi e malandati anche loro, si imbarcavano sul postale alla volta di Caprera.

Ignaro di queste vistose contraddizioni toponomastiche e liturgiche (e anche familiari), io attraversavo la piazza con la mano in quella di mia madre voltandomi due o tre volte indietro a guardare le finestre di casa che viste dal di fuori facevano un bellissimo effetto, per rassicurarmi che fossero sempre lí e sempre quelle, con le tendine ai vetri e i ridò di damasco rosso. Infine andavamo a inginocchiarci in uno dei primi banchi della navata di destra. Il prete recitava il rosario e tutti facevano coro con l'«ora pro nobis» allo snocciolio delle giaculatorie delle quali non capivo una parola ma che, passati tre quarti di secolo, conservo ancora nella memoria: «Virgo prudentissima, Virgo veneranda, Virgo potens, Virgo clemens, Janua coeli, Stella matutina, Refugium peccatorum, Consolatrix afflictorum...» e via continuando fino a quando le canne sonore dell'organo, concluso il corale delle giaculatorie, riempivano di accordi profondi le navate, troppo piccole per contenere quei suoni irrompenti protesi verso l'alto alla ricerca del Signore.

Era il momento in cui i chierichetti (molto invidiati per la divisa di bianco e merletti che indossavano sulla veste nera) porgevano al celebrante il turibolo sul quale spargevano i grani dell'incenso che effondevano il loro fumo odoroso. Il prete che indossava i paramenti della funzione, deposto il turibolo impugnava l'aspersorio spruzzando l'acqua benedetta verso i banchi dove eravamo inginocchiati e, tracciando nell'aria il segno della croce, abbandonava l'altare.

Per rincasare passavamo davanti all'imboccatura del porto. Spesso andavamo a comprare il cefalo e le triglie per la cena e io restavo incantato dai gamberi rossi e dalle aragoste con le chele legate per non farle saltar fuori dai canestri.

Poi a casa, per le scale buie di quella gattara lasciandoci alle spalle l'orchestrina del caffè sotto il portico del palazzo e le folate di musica che ci accompagnavano.

Non sapevo ancora che cosa fossero i pensieri e neppure il significato di quella parola, eppure la mia testa ne era già piena. Ma uno me lo ricordo perché mi ha accompagnato per un bel pezzo della mia vita e quando ho capito che non corrispondeva affatto alla natura delle cose del mondo ho dovuto faticare molto per liberarmene.

Si tratta della lotta tra i buoni e i cattivi. Mi sforzo di ricordare se quella bipartizione avesse per me qualche significato. Direi di no, non l'aveva. Sapevo solo che i buoni erano contro i cattivi, stavano dalla nostra parte e vincevano sempre.

Quando giocavo con i miei soldatini di piombo e li dividevo in due schiere contrapposte secondo il colore delle divise fingendo una guerra tra loro, quelli che vincevano (cioè quelli che io facevo vincere) erano i buoni, e gli sconfitti i cattivi. Cosí prese forma nella mia mente l'identificazione buono-vittorioso contro cattivo-sconfitto.

Una volta però, ma avevo già compiuto i sei anni e

le guerre dei miei giochi erano diventate quelle tra i cowboy e gli indiani, decisi – non so perché – di far vincere gli indiani buttando per terra, a colpi di pistola caricata con i fagioli, tutti i cowboy schierati in campo. Mia madre, che subito informai dell'accaduto, commentò: «Questa volta hanno vinto i cattivi», ma io risposi che gli indiani erano diventati buoni e avevano vinto per questo. L'attribuzione della bontà era dunque diventata variabile ma la sua associazione con la vittoria era rimasta.

Come ho detto, questo mio primo giudizio di valore è durato a lungo nella mia testa. A ripensarci adesso non so spiegarmi perché a sei anni ero convinto che chi vince è buono. Oppure che chi è buono vince, che sono due assiomi assai diversi. Oggi mi rendo conto di quanto sia complicata questa questione. A volte mi sorprendo ancora a identificare i buoni con i vincenti e un po' me ne vergogno.

Da dove arrivano i pensieri? Nonostante i progressi delle scienze questa domanda resta ancora inevasa. Forse esiste un luogo dove sono riposti tutti i pensieri del mondo e quelli di ciascuno di noi. Quando hai consumato i tuoi pensieri o quando ti siano venuti a noia, chiami il centralino del deposito e te ne fai mandare altri nuovi di zecca.

È cosí che funziona? Rilke ha scritto che esiste un magazzino di facce. Quando sei stufo di quella che hai fin dalla nascita, vai al magazzino, butti via la tua e te ne scegli un'altra. La stessa cosa potrebbe avvenire per i pensieri. Però rimane una domanda: perché un pensiero ti arriva in quel momento e non prima né dopo?

Arrivano all'improvviso, quando meno te l'aspetti. Si dice che siano le sensazioni del corpo a suscitarli, ma io non credo che sia cosí. A me la maggior parte arriva la notte quando mi sveglio. Al buio. Non ho alcuna sensazione che possa associarsi ad un pensiero, eppure loro arrivano. Non li hai scelti tu, spesso ti disturbano, a volte ti cambiano la giornata, qualche volta possono addirittura cambiarti la vita. Possono non lasciare piú la tua mente, fanno il nido tra le mappe del tuo cervello e diventano la tua ossessione, uccidono la tua fantasia e la tua libertà.

Oppure un pensiero ti invade per un attimo e subito ne arriva un altro che ne prende il posto e poi un altro ancora, un'immagine seguita da un'altra, immagini e pensieri si incalzano e si spingono via dalla tua mente come le vele bianche in viaggio in quel pezzo di mare blu inquadrato dalla tua finestra.

Denis Diderot andava tutte le mattine nel giardino del Palais Royal «che fosse bello o facesse brutto» e lí pensava. Lo racconta in uno dei suoi dialoghi aggiungendo che i pensieri gli arrivavano chissà da dove, lo intrattenevano per un po' e poi volavano via. Come i passeri che dopo un breve cinguettio abbandonano il ramo dell'albero su cui si erano posati e vanno a frascheggiare altrove. «Come le ragazze di vita», scrive Diderot, che in fondo ai portici del giardino le vedeva adescare i giovanotti o i signori in polpe e parrucca, passando da uno all'altro svolazzanti nelle loro gonne d'organza. «I pensieri sono le mie puttane», scrive il filosofo: quando, tanti anni fa, lessi quella definizione me ne innamorai perché anche delle puttane ci si può innamorare.

Se fosse la volontà a inviarti i pensieri e a governarli? Talvolta accade. Da bambino mia madre mi aveva abituato a inviare una preghiera alla Madonna e a Gesú ed io, obbediente, cosí facevo; la volontà comandava alla mente di pensare a Dio e pregare. Però non erano veri pensieri. Infatti ripetevo insonnolito l'*Ave Maria*, facevo il segno della croce e mi cacciavo sotto le coperte.

E poi, chi è il padrone della volontà? La risposta piú ovvia, quella che per tanti anni mi sono dato e sulla quale mi sono acquietato, è che sia io il padrone della mia volontà. Ma in realtà si tratta di una risposta che è poco piú di una tautologia e sposta la domanda sull'io. È l'io che decide? È l'io il sovrano della mia mente, del mio corpo, della mia anima, qualunque cosa si intenda con questa enigmatica parola?

L'infanzia è una stagione fatata. La sola di tutta una vita che non finisce mai e t'accompagna fino all'ultimo respiro.

Anche i ricordi dell'infanzia ti seguono negli anni, sono gli ultimi ad annebbiarsi e quando le cellule che presidiano la memoria sentono già il logorio del tempo, il gocciolio del tempo che cade dalla gronda del cielo sui tuoi pensieri ormai svagati e sconnessi, il fanciullino che è rimasto in te ancora ti invia segnali, segnali di riso e di pianto, di gioco e di malinconia.

La nostalgia è il rimpianto d'un passato che è stato e non può tornare; ma la malinconia è diversa. È rimpianto di ciò che non è stato ma che sarebbe stato possibile, di un'altra vita non vissuta, d'un amore che ti ha sfiorato senza fermarsi. Di un tu che avresti voluto incontrare ma non hai incontrato, di un te stesso che avresti voluto essere e non sei stato.

Ciascuno di noi ha la sua infanzia e non ce n'è nessuna che somigli ad un'altra, ma questa diversità non è una tua scelta. Tu sei già una persona ma la materia che ti raffigura è come una cera morbida, calda, plasmabile.

La plasmano i fatti, il mondo in cui vivi e nel quale il caso ti ha catapultato. Ti devi misurare con quel caso che ti ha fatto nascere nero o bianco, povero o ricco, alto o basso, allacciando tra loro le tue cellule neuronali in un modo o in un altro, in una famiglia accogliente o ispida, armoniosa o invece devastata dalla discordia.

Cosí la tua cera viene modellata dalla realtà che ti circonda e tu reagisci con l'istinto di sopravvivenza che la natura ti ha dato dal primo istante in cui sei stato proiettato dall'utero materno nel caos d'una vita tutta ancora da inventare.

Certo ora sappiamo che hai un tuo Dna, una collana di geni inanellata e presente in ogni cellula, in ogni tessuto, in ogni capello, in ogni stilla della tua saliva. I saggi d'un tempo lo chiamavano destino, ma la scienza ormai gli ha dato per nome una sigla, che contribuisce a determinare la tua identità, i mali latenti, le predisposizioni e perfino la probabile durata d'una esistenza; ma non chiarisce nessun mistero, non risponde alle «domande fondamentali», ai perché che tutti i membri della specie si pongono. Soprattutto a dare un senso alla tua vita.

C'è chi si pone questa domanda una sola volta e poi l'accantona per sempre; chi piú volte ogni giorno, chi mai. Ma non è vero. La domanda di senso, che lo si sappia o no, è il tema dominante della specie. Discende dalla mente capace di riflettere su se stessa, dal pensiero capace di pensare il pensiero.

Il filo d'erba vive ma non si pensa e cosí la farfalla, gli uccelli, il serpente, i pesci nel fondo del mare. La vita dell'universo non ha bisogno di senso. Noi ne abbiamo bisogno, la nostra specie ne ha bisogno.

Ma non il fanciullo.

Quel problema si porrà in tutta la sua prorompenza nell'altra grande stagione creativa e sognante, quella dell'adolescenza, che scopre il mistero del senso e l'incombere della morte.

Un lungo interrogarsi senza risposte. Il tempo fatto acqua. I morti che vivono. La morte, la morte che viene.

La mia infanzia fu soprattutto obbediente. Ordinata. Dedicata agli adempimenti dovuti. Io sapevo che cosa chiedevano, che cosa si aspettavano, quale investimento affettivo avevano fatto mia madre e mio padre sul loro unico figlio. E quale legame rappresentasse, quanto fosse importante per mantenere la loro incerta e accidentata convivenza.

Sapevo, intuivo, forse semplicemente sentivo quale potere mi dava la capacità di rispondere a queste aspettative ma sentivo anche che avrei pagato un prezzo per esercitare quel potere. Il prezzo era l'amputazione dell'imprevedibilità. Corrispondere alle attese richiedeva di muoversi secondo un programma, soffocando il rischio dell'inventiva, tenendo a briglia la fantasia. Fare fino in fondo la parte del figlio per sovrastare i genitori aiutandoli nel loro cammino verso la vecchiezza.

Questi mutamenti psicologici io li ho capiti molto tempo dopo, ma da allora alimentarono la mia malinconia e la tristezza che tinse col suo colore grigio la mia infanzia solitaria.

I soli giorni di festa erano quelli delle lunghe vacanze di Natale, quando prendevamo, io e mia madre, il treno per Roma e approdavamo dopo un paio d'ore alla casa di mia nonna e dei miei due zii che vivevano con lei.

Una grande casa piena di sole, tagliata in due da un lungo corridoio, con un'ampia anticamera e tante stanze allineate. I bagni erano tre, le camere da letto cinque di cui una molto grande nel mio ricordo, e poi il salotto e la sala da pranzo. Un balcone correva lungo tutta la facciata che dava su un cortile-giardino. Insomma un paradiso, abitato e colorato, dove in quegli stessi giorni di festa arrivavano gli altri cugini, figli delle due sorelle di mia madre.

Quando la vigilia di Natale gli arrivi erano terminati, le valigie svuotate, i letti distribuiti, arrivavano anche i padri che un po' a noi piccoli guastavano la gioia della vacanza. Volevano imporre regole anche in quei giorni fatati, esercizio inutile e anzi impossibile in una sarabanda come quella, movimentata ulteriormente dalla presenza di due gatti d'angora e un soriano di pelo rosso che si inseguivano nel corridoio correndo a coda dritta o si strusciavano ventre a terra miagolando d'amore.

Noi bambini eravamo sei. La popolazione complessiva della casa in quei giorni d'eccezione arrivava a diciotto persone, compresa una domestica di nome Elia che badava alla casa e a mia nonna e l'avrebbe seguita fino alla morte che avvenne una quarantina d'anni dopo.

Il tempo per noi passava in un lampo perché era gremito di fatti, anzi di eventi, memorabili soprattutto per me che ero il solo figlio unico di tutta quella vasta compagnia.

Quando è ricco di presenze e di avventure il tempo ti fugge dalle dita, un attimo incalza l'altro e lo spinge indietro nel passato mentre l'attimo futuro ti piomba addosso con la velocità della luce. Ma quando lo rivisiti nel ricordo quel periodo della tua vita ti sembrerà infinitamente lungo, a misura dei fatti e degli incontri che l'hanno costellato.

Incessante romba il tempo e incanutiscono i covoni

della tua vita e non sai se sia lui a trasportarti o tu a condurlo verso la foce.

Sono passati ottant'anni da quelle serate natalizie, ottanta lunghissimi anni che ora mi sfilano davanti saltando fuori dalla memoria come burattini colorati.

Sono io che li prendo dalla scatola in cui stanno riposti e li muovo sulle assi sconnesse del mio teatrino? Un tempo ero sicuro che quei burattini resuscitati – ed io stesso tra loro – riproducessero i fatti quali erano realmente accaduti. Ma ora ne sono assai meno certo. Le persone poi, i loro pensieri, le loro passioni... come posso presumere di averle comprese, d'esser penetrato dal di fuori in quegli universi di cellule, di flussi sanguigni, di inconsce pulsioni?

Capitolo secondo

La gabbia dell'io

Quella mattina pioveva e grandinava sui vetri dell'aula di seconda liceo, sezione C, liceo-ginnasio Cassini, Sanremo. Eravamo trentuno studenti in quella classe. I ripetenti quattro o cinque, confinati negli ultimi banchi come si usava allora.

Ma lo ricordo quel temporale, a Sanremo capitava di rado, c'era un clima un po' speciale, infatti le famiglie facoltose di Torino e di Milano ci venivano a svernare per sopportare meglio gli acciacchi. E per giocare al Casinò.

Me lo ricordo perché quel giorno ci fu uno degli incontri importanti della mia adolescenza: l'insegnante di filosofia, che teneva lezione due volte alla settimana, aveva preannunciato il tema nella lezione precedente. Aspettò che la grandine finisse e tornassimo a sederci ai nostri banchi. Poi cominciò a parlare di Cartesio: la vita, la morte, le opere di geometria, di matematica, di filosofia, il suo tempo. Disse che Cartesio era, nella storia delle idee, un punto di arrivo e anche una ripartenza con tante biforcazioni. Insomma un crocevia dal quale comincia la modernità. «Se non capite Cartesio non capirete niente di quello che è venuto dopo e non capirete niente di voi stessi e del mondo che vi circonda».

Ci mise molto calore in quella perorazione, non l'aveva mai fatto con gli altri filosofi che già avevamo studiato con lui sul manuale del Lamanna. Forse con Socrate l'anno prima, ma non con quelle parole e quel tono che sembrava voler coinvolgere la vita di ciascuno di noi.

Il mio compagno di banco alzò la mano. «Dica pure», disse il docente che, insieme al prete che insegnava italiano e latino, rifiutava di usare il «voi» prescritto dal regime. «Secondo lei, professore, chi non fa il liceo e nemmeno sa che è esistito un certo Cartesio non potrà dunque dare nessun senso alla sua vita?»

Ci fu un gran silenzio in classe, perfino i ripetenti degli ultimi banchi in qualche modo chiamati in causa da quella domanda si fecero attenti. Il professore guardò fisso il mio compagno e ricordo che rispose con una domanda: «Lei, Calvino, ha già trovato il senso della sua vita?» «Beh, lo cerchiamo», replicò il mio compagno un po' confuso. «Bravo. Lo potrà trovare in tanti modi. Coltivando le piante del suo giardino, chiacchierando con i suoi compagni, magari non in classe, e nella vita che le capiterà di vivere. Ma poiché lei è iscritto al liceo classico sezione C dove io insegno filosofia, l'aiuterà anche studiare i testi di Cartesio». Poi dette un'occhiata in giro e concluse: «Studierete tutto il *Discorso sul metodo*. Lo troverete nella libreria del Corso, edizione Paravia. Tra due settimane porterete il riassunto scritto e poi ne discuteremo dopo che avrò letto i vostri compiti».

La sua ora era finita. Prese la borsa rigonfia che non apriva mai e uscí dall'aula che sembrava un'oca impettita.

Ci fu una risata liberatoria dopo che ebbe chiuso la porta dietro di sé e la voce di Perci Roero, un altro nostro compagno che arrotava la erre, esclamò: «Per quella domanda cretina che hai fatto, adesso ci tocca leggere un libro intero. Nel manuale c'erano solo due pagine».

Era già la mezza e suonò la campanella. Uscimmo di corsa come sempre. Un sole marzolino stava asciugando la pioggia sul selciato della strada.

Un'altra lezione, per me altrettanto memorabile, l'aveva tenuta all'inizio dell'anno don Piggioli, che insegnava letteratura italiana e latina. Era esile e piccolo di statura, era stato cappellano militare da giovane, ai tempi della guerra del '15; poi aveva simpatizzato con il movimento cattolico modernista e per questo non gli avevano mai affidato una parrocchia. Perciò aveva scelto l'insegnamento, la sua parrocchia eravamo noi.

A quell'epoca, e per tutti i tre anni di liceo dal '38 al '41, tenevo un diario dove annotavo le cose rilevanti delle mie giornate. La lezione di cui parlo è del novembre del '39. La guerra era scoppiata da due mesi ma l'Italia era ancora neutrale.

Don Piggioli quella mattina ci parlò del Petrarca, dei sonetti e delle canzoni, della poesia lirica. Poi lesse «Chiare, fresche e dolci acque» prima tutta di seguito, poi commentando i passi piú significativi. Disse qual era l'immagine della donna e dell'amore, la differenza tra l'amor cortese dello «stil novo», quello di Dante per Beatrice e quello di Petrarca per Laura, dalla maniera all'immagine femminile di Dio, alla casualità sentimentale.

Era cosí infervorato quel piccolo prete col viso già incartapecorito dagli anni e gli occhi vivissimi, che andò oltre, parlò della malinconia amorosa che dal Petrarca sarebbe passata al Tasso e poi al Foscolo, infine al Leopardi. «Li studieremo l'anno prossimo, ma se ne avete i libri in casa cominciate a leggerli. La lirica richiede orecchio come la musica e bisogna educarlo. Ci vuole tempo».

«Penso, dunque sono»: per me il *Discorso* di Cartesio fu una scoperta sensazionale. Di tanto in tanto mi capita di rileggerlo, anche se ormai l'entusiasmo intellettuale dell'adolescenza ha ceduto il posto alla riflessione critica e le evidenze cartesiane non sprigionano piú la loro luce abbagliante sul cammino della conoscenza.

Quelle tre parole comunque rappresentano un passo inaudito verso l'annullamento della metafisica; non a caso agli antipodi delle tesi di Leibniz sulla trascendenza. Per la prima volta fu affermata l'autonomia della coscienza individuale e non solo: fu solidamente piantato nella storia delle idee il tema della centralità dell'io che ha dominato nei tre secoli successivi la cultura dell'Occidente.

Per qualche strana associazione di idee, quando rileggo il testo del *Discorso sul metodo* sento il bisogno di riprendere in mano anche i *Pensieri* di Pascal. Forse perché in entrambi quei libri aleggiano l'«esprit de géométrie» e l'«esprit de finesse», due connotati tipici della lingua francese e della nitidezza intellettuale che essa esprime. Ma per tutto il resto due libri e due autori che pensano in contrappunto. L'epoca è piú o meno la stessa, col divario di due generazioni: il gran secolo della cultura francese all'inizio del quale sta lo stoicismo di Montaigne.

Sia Descartes sia Pascal cercano il senso della presenza dell'individuo in un mondo in cui tutto è dubitabile salvo l'evidenza.

Pascal, quando si convertí, il suo fondamento lo trovò nella fede in Cristo. Una fede appassionata, rovente, con tratti di misticismo dominato tuttavia dalla presenza della razionalità. Il contrasto tra fede e ragione costituisce il dramma che si svolge nell'animo di Pascal e che ha donato alla cultura moderna uno dei testi piú potenti della sua letteratura.

La redenzione e la salvezza attraverso l'amore e la carità; ma pur sempre camminando su un filo sospeso sopra un abisso di tenebra; pur sempre con l'angoscia nel cuore di un confronto impari tra l'infinitezza dell'assoluto e la fralezza umana che Pascal sentí e soffrí nel corpo e nell'anima fino al momento della morte.

Cartesio aveva una tempra diversa. Il suo pensiero dubitava di tutto, ma proprio questo dubitare costituí il fondamento e l'affermazione orgogliosa dell'io, l'autonomia della condizione umana rispetto alla trascendenza metafisica, che pure Descartes cercò di preservare nel tentativo – rivelatosi ben presto inutile – di evitare l'ostilità della Chiesa. Non a caso Spinoza, che pure non condivideva gran parte della filosofia cartesiana, tradusse e commentò la sua opera, dalla quale per certi aspetti non trascurabili prese le mosse.

C'è un altro punto di fondo nella filosofia di Descartes che ha dominato fino a ieri la filosofia europea ed è la distinzione tra la «res cogitans» e la «res extensa». Dopo le acquisizioni della scienza moderna sull'essenza della mente, dopo Nietzsche, dopo Freud, la bipartizione cartesiana appartiene ormai al museo filosofico; riesce ancora ad avere un ruolo nel pensiero teologico per il quale la distinzione tra anima e corpo costituisce uno dei fondamenti del monoteismo cristiano, ed è stato un ben curioso destino quello del filosofo che ha dato il primo colpo di piccone alla metafisica, d'aver fornito alla teologia un argomento di cosí efficace sostegno.

Ma in realtà la partizione tra «cogitans» ed «extensa» ha poco o nulla a che vedere con quella platonica prima ancor che cristiana tra anima e corpo. Si tratta di due categorie della mente che coincidono piuttosto con le categorie trascendentali dello spazio-tempo e richiamano alla lontana l'altra bipartizione kantiana tra la ragion pura e la ragion pratica, tra il pensare e l'agire.

Infine, guardando all'opera di Descartes nel suo complesso e inquadrandola nel contesto del suo tempo, credo si debba riconoscere un ruolo primario al metodo da lui seguito, alla natura della sua mente, alla continua ricerca della chiarezza, del nitore espressivo, dell'analisi e dell'eleganza. L'eleganza della matematica, l'asciuttezza delle formule e del calcolo, il fascino misterioso dei numeri, dei concetti, del pensiero astratto: queste sono state le sue modalità – direbbe Spinoza – e le cause della duratura influenza da lui esercitata sulla cultura moderna, sull'Illuminismo, soprattutto sul linguaggio filosofico per tutto il periodo della dominanza della cultura francese e della sua «civilisation».

L'incontro con Descartes e con il suo «Cogito ergo sum» mi ha condotto a porre la questione dell'io; questione capitale, non soltanto nella storia della filosofia ma nella vita di ciascuno di noi. Torneremo a parlarne piú volte. Ma intanto voglio trascrivere qui due citazioni dalle quali è possibile misurare la distanza che divide due opposte concezioni dell'io: quella che ne fa l'essenza e l'espressione culminante, imperiosa, totalizzante della persona e quindi della sua volontà, della sua vocazione conoscitiva e del suo sentimento morale; e quella – opposta – che lo riduce a una sovrastruttura in balia di istinti, pulsioni, meccanismi mentali, conflitti interiori e urto con i fatti, con la natura, con le persone che popolano il mondo esterno a noi.

Che cos'è l'io in mezzo a questo oceano di occasioni, necessità, libero arbitrio e servo arbitrio?

Scrive Milan Kundera nella sua *Arte del romanzo*: «Quanto piú potente è il microscopio che osserva l'io, tanto piú l'io e la sua unicità ci sfuggono. Ma se l'io e il suo carattere unico non possono essere colti nella vita interiore, dove e come li si può cogliere?»

Kundera non dà risposte, la questione resta aperta, ma l'aveva già chiusa a suo modo cinquant'anni prima Paul Valéry in uno dei suoi *Cattivi pensieri*: «L'io è una superstizione che si estende al cappello, al bastone, alla donna di qualcuno, e comunica loro un carattere sacro, seguito dal possessivo. Il mio male, il mio nemico. Questo io tocca tutto, si impiccia di tutto. Chi si libererà di questa parola? Ci sono tuttavia dei pazzi che hanno la saggezza di parlare di se stessi in terza persona. Tutti gli altri sono dei posseduti, abitati da uno spirito maligno che pretende di chiamarsi io».

Insomma, l'io non esiste. È una superstizione. Oppure una caricatura. Una maschera. Una bandiera. Il pennacchio di un elmo. Un computer depositario di una memoria. Una gabbia. Un capriccioso dittatore.

Oppure un prigioniero?

Capitolo terzo

Sweet seventeen

La mia adolescenza cominciò che avevo quindici anni a Sanremo. Prima classe di liceo. La banda, come subito la battezzammo, si formò dopo il primo trimestre di scuola. Da allora si mantenne compatta, con qualche nuova entrata negli anni successivi e nessuna uscita. Eravamo una dozzina. Quasi tutti sanremesi, un paio di Torino, l'unico meridionale (Roma per loro era una città del Sud) ero io che infatti – prima che la banda si formasse ed io entrassi a farne parte – venivo chiamato Napoli.

Le nostre giornate erano scandite dai compiti, che facevamo nel pomeriggio, dal passeggio su e giú per il corso tra le cinque e le sei, dalla sala da biliardo fino alle otto.

In classe eravamo una trentina. Le ragazze erano poche e facevano mondo a parte. Alcuni di noi erano piú versati nelle scienze, uno in particolare era bravissimo in matematica e in trigonometria, il seno e il coseno, dei quali ricordo a stento i nomi ma assolutamente nulla del loro astruso significato. A tutti – parlo della nostra banda – piacevano la poesia, la storia e la filosofia. Insomma le idee. E la fisica teorica, che in quegli anni fu uno degli argomenti delle nostre discussioni serali. Ne dimenticavo un altro, di tema ricorrente tra noi: i miti, gli dèi e il loro significato.

Parlavamo anche di ragazze. Alcune tra quelle che come noi passeggiavano su e giú per il corso tra piazza Colombo e l'imbocco di viale Imperatrice ci piacevano ed ognuno aveva scelto la propria. La scelta però era del tutto platonica. Ci scambiavamo sguardi ed era tutto: nessuno di noi conosceva ancora la donna, le prime esperienze vennero l'anno dopo, passarono attraverso il noviziato dell'epoca che si faceva al bordello. Noviziato che fu all'inizio disastroso, ma ci tolse almeno un po' della timidezza. L'anno dopo infatti con le ragazze del corso passammo dagli sguardi all'approccio diretto. Qualche volta le portammo al cinema, d'estate ci si vedeva in spiaggia e dopo cena a prendere il gelato. Carezze e baci, per l'epoca era già molto. Ma accoglierle nella banda no, il gruppo era rigorosamente maschile e tale rimase fino alla fine.

Italo Calvino fu il mio compagno di banco in seconda e terza liceo. Nell'autunno del '41 ci disperdemmo tra varie Università: chi a Genova, chi a Torino, chi a Milano. Uno della banda scelse Agraria e andò a Perugia. Io a Roma. Ma per le vacanze di Natale e nei tre mesi dell'estate ci ritrovavamo tutti a Sanremo e lí riprendevamo le abitudini di un tempo, le passeggiate al corso, il biliardo, le interminabili discussioni; d'estate la spiaggia. Lo spazio dedicato alle ragazze era aumentato, avevamo passato la soglia dei diciotto anni, dall'adolescenza alla giovinezza.

Che stagione, l'adolescenza. Senti di poter esser tutto e ancora non sei nulla e proprio questa è la ragione della tua onnipotenza mentale. Non hai confini, l'immaginazione può spaziare ovunque, la vitalità non è canalizzata su un solo obiettivo, su un percorso prescelto e seguito con tenacia. Sei un dilettante di tutto, assaggi e pregusti, con la fantasia visiti Eldoradi ed Ellesponti, fantastichi eroiche avventure.

E leggi di tutto, quello che capita, un po' alla rinfusa. Ma noi avevamo avuto la fortuna d'aver frequentato un buon liceo, come ce n'erano ancora tanti nella provincia italiana, e potevamo selezionare le nostre scelte. Poi ci passavamo i libri e ne discutevamo.

Conservo ancora una fotografia che mi ha seguito nei vari percorsi della vita: sei ragazzi seduti su una panchina d'un viale alberato di palme di fronte al mare. Di quei sei due sono morti da tempo e uno di loro è Italo che in quegli anni, dal '38 al '43, fu per me l'amico piú intimo. Insieme incontrammo Atena dagli occhi fulgenti, come lui mi disse una volta tanti e tanti anni dopo, ricordando lo schiudersi delle nostre menti al pensiero pensante. E con Atena Odisseo, l'eroe del viaggio, dell'avventura e della conoscenza, il primo eroe moderno che l'epica di Omero ci ha tramandato. E di lí cominciò il nostro viaggio.

Io ricordo come cominciò, giocando con le prime idee, i primi libri, le prime ragazze, le prime certezze, le prime paure. Scherzando e litigando tra noi, come i cuccioli quando si rovesciano a terra e lottano muovendosi appena e ringhiando in allegria.

I giochi dei ragazzi si somigliano tutti. Diverso è il modo in cui sboccia la mente e si forma la persona.

Ma noi quel viaggio cominciato ai nostri «seventeen» non lo avremmo continuato insieme. Il viaggiatore è solo, il treno deserto. Alla stazione c'è gente, luce, talvolta allegria. Ma subito si riparte, non si sa perché, non si sa per dove. Noi fingiamo di porci dei punti d'arrivo che sono soltanto transiti, battuti dal vento e dalla polvere.

Il nostro sodalizio finí tre giorni dopo l'8 settembre del '43, una data che coinvolse tutto il paese segnando un solco profondo tra gli italiani che non è ancora rimarginato per chi l'ha vissuto in età di ragione.

Voglio raccontarla, quella tristissima giornata venuta dopo la caduta del fascismo e la precaria euforia d'una riconquistata libertà.

Dall'inizio di agosto avevamo visto con crescente sgomento le colonne motorizzate tedesche che scendevano sull'Aurelia verso sud e lunghi convogli ferroviari che trasportavano nella stessa direzione i carri armati con la croce uncinata sulle fiancate.

Un giorno si diffuse la voce che una squadra navale inglese fosse in vista. Molti affollarono il lungomare e i binocoli passavano di mano in mano. Corremmo verso il belvedere di Capo Martino e qualcuno gridò che all'orizzonte si vedevano buccoli di fumo, ma io non vidi niente e i miei amici neppure. Sapemmo poi che Genova era stata bombardata anche dal mare.

Andavamo ancora in spiaggia la mattina, ma l'allegria era svanita, anche le ragazze erano tristi, si restava all'ombra degli ombrelloni senza voglia di tuffarsi e nuotare. Finché arrivò quel giorno e ancora una volta, come tutti i giorni dall'inizio della guerra, ascoltammo la voce che leggeva le notizie del giornale radio dagli altoparlanti di piazza Colombo.

Una voce che sento ancora quando ci ripenso: leggeva il comunicato di Badoglio con la notizia dell'armistizio e ordinava alle truppe di collaborare con gli angloamericani opponendosi a chiunque volesse impedirlo.

All'annuncio del capovolgimento di fronte, peraltro atteso e già avvenuto nella coscienza di gran parte degli italiani, l'intera nazione visse un attimo di silenzio sospeso. Poi cominciò lo sfascio che in poche ore abbatté lo Stato in tutte le sue simboliche presenze. L'esercito prima di tutto. L'autorità del governo. Le leggi. La monarchia.

Il sentimento comune fu la fuga. Disperdersi. Pensare a sé e alla propria famiglia. Anche il nostro piccolo gruppo di amici si scompose, i nostri destini si separarono. Ma prima facemmo ancora una cosa insieme. Ci demmo appuntamento per la mattina dopo e andammo al deposito della Marina, un piccolo edificio di poche stanze, sopra gli scogli sulla strada litoranea per Bordighera.

C'erano soltanto quattro marinai che stavano preparando i loro sacchi per andarsene. Noi dicemmo di esser lí per conto del Comune. Loro non sapevano evidentemente nulla dei poteri e delle competenze, ma soprattutto avevano solo voglia di lasciare quel luogo al piú presto.

Domandammo se c'erano esplosivi. Risposero: «Esplosivi no, ci sono soltanto i proiettili per i cannoni costieri». «Ci sono anche i cannoni?» Risposero di no. «I cannoni sono nelle postazioni della guardia costiera. Qui ci sono le munizioni di riserva». Noi dicemmo che le prendevamo in consegna per conto del Comune e ci offrimmo di fare ricevuta dopo l'inventario. Loro risposero che se ne andavano, la ricevuta non serviva. Ci dettero la chiave del deposito e quella del portone. E via.

Lavorammo per tre ore a portar su i proiettili e a gettarli sugli scogli. Pesavano un bel po' e ne buttammo a mare la metà. Non sapevamo perché stessimo facendo quella fatica assolutamente inutile e priva di senso. Probabilmente fu il nostro modo di esprimere smarrimento e rabbia.

Alla fine, stanchi e sudati, decidemmo di piantarla lí. Ci salutammo alla svolta e senza abbracci. Io dissi che appena possibile sarei partito per Roma con mio padre e mia madre.

Due giorni dopo telefonai a Italo, gli dissi che partivo col treno delle sei del pomeriggio. Ci salutammo ancora, al telefono. Ma poi me lo vidi alla stazione. Ero già salito ed ero affacciato al finestrino. Lo ringraziai di essere venuto. «Ci vedremo presto», gli dissi. «Non credo», disse lui. Il treno si mosse. Lui disse ancora «Ciau» con la u.

Ci siamo scritti nel '45. Due lettere, il resoconto dei due anni trascorsi, lui partigiano sulle montagne sopra Baiardo, io a Roma e poi in Calabria. Lui comunista, io liberale.

Poi piú niente. Col tempo lui diventò un grande scrittore.

Lo rividi a Parigi nei primi anni Ottanta, a casa di un amico che abitava in una traversa di rue de Rennes, tra Saint-Germain e Montparnasse. Parlammo a lungo. Ero andato per invitarlo a lasciare il «Corriere della Sera» cui collaborava da anni e venire con me a «Repubblica». Aggrottò la fronte nello stesso modo che conoscevo, fisicamente non era cambiato, stempiato, solo questo. Io avevo la barba. «Ti sta bene, – mi disse, – sembri quasi una persona seria»; lo disse con ironia, come quando un tempo mi prendeva in giro perché scrivevo su «Roma fascista».

Capitolo quarto

L'innocenza perduta

Ho passato in campagna due anni della mia vita. Avevo giusto vent'anni quando riparammo in Calabria, i miei genitori ed io, dopo otto mesi di pena, clandestinità e fame nera, passati a Roma occupata dai tedeschi con il fronte di guerra a Nettuno, cinquanta chilometri piú a sud.

Nelle campagne di Vibo avevamo bei terreni, orto, ulivi secolari e un giardino di aranci e bergamotti. Anche filoni di zibibbo e di malvasia dai quali usciva un vino colore dell'ambra, forte e profumato. Lí ci ristorammo dagli stenti e lí scoprii luoghi e persone che conoscevo dai racconti di mio padre ma che, a viverci insieme, acquistarono un risalto d'uno spessore inaspettato.

Ho detto luoghi e persone, ma avrei dovuto dire sentimenti e usanze, in un ambiente allo stesso tempo familiare ed estraneo cui sentivo di appartenere con una parte di me mentre l'altra negava quell'appartenenza e ne rifiutava i riti e i valori.

In Calabria c'ero stato qualche volta da bambino, l'ultima quando il nonno morí nel '32 e io avevo otto anni; ma non ci avevo mai vissuto e poi ero troppo piccolo per capire. A vent'anni fu molto diverso: mi trovai nel mezzo d'una cultura contadina, arcaica, nella quale la mia famiglia paterna affondava radici antiche.

Una cultura che stava morendo. Aveva resistito a non so quante invasioni nel corso dei secoli. I contadini del sud del mondo si somigliano molto e le invasioni passano senza cambiarne i ritmi e le costumanze. La novità di allora fu che stavano scomparendo i contadini e con essi il loro linguaggio e il loro modo di vivere, impastato di fierezza, ospitalità e coltello, religione e miscredenza.

Quando arrivai nel '44 quella civiltà era ancora aggrappata ai latifondi, ai poderi, ai paesi arrampicati, al greto di torrenti secchi d'estate e gonfi di acque invernali. Ma quando ci tornai cinque anni dopo era già scomparsa. I piú giovani erano emigrati, gli adulti facevano i bidelli nelle scuole, i portantini negli ospedali, i commessi tutto-fare e niente-fare negli uffici della Regione e dei Comuni.

Le terre erano state vendute e lasciate incolte in attesa che diventassero aree fabbricabili. La mafia aveva cominciato a metter radici nella Locride, nei borghi dell'Aspromonte e nella piana di Gioia Tauro. Adesso rivaleggia con Cosa Nostra, e la sua rete d'affari si estende dal Kosovo a Marsiglia e ad Amburgo.

Il contadino è una specie in estinzione e non so se meriti d'essere protetta. A questo punto del resto sarebbe impossibile.

Ma i colori, quelli no, non sono cambiati.

I colori nel sud hanno una sola dimensione, schiacciati dalla luce e dall'estate, senza sfondo. I casali, i tetti, i maggesi, le chiome delle querce e degli ulivi, i campi di granturco con le pannocchie pendule tra le foglie, il greto argilloso dei torrenti in secca, le spiagge bianche che orlano le costiere.

Colore puro, cotto dal sole. E le strade di terra che viaggiano in mezzo al colore. Il celeste delle finestre chiuse sui muri ocra non intonacati. Il verde brillante dei castagni, il giallo dei covoni, il blu del mare. Perfino il mare, d'estate, sembra immobile, laccato, senza respiro.

La natura, sotto la luce del sud, ferma l'attimo e lo rende eterno nella sua silenziosa fissità.

Il silenzio ha i suoi rumori. Il martelletto delle cicale è uno di quelli. Quando sotto la calura la cicala arresta per un attimo il suo canto, il silenzio s'interrompe. Un altro rumore del silenzio è l'abbaiare dei cani nella notte. Tu ti svegli quando tacciono e la luce della luna arriva con le sue ombre di tenerezza fino al tuo letto. Ti riaddormenti quando i cani riprendono ad abbaiare e il silenzio riempie di nuovo la notte sonora.

Dormono le cime dei monti
e le vallate intorno,
i declivi e i burroni.
Dormono i rettili, quanti nella specie
la nera terra ne alleva,
le fiere di selva, le varie forme di api,
i mostri nel fondo cupo del mare.
Dormono le generazioni
degli uccelli dalle lunghe ali.

Cosí vorrei che ogni sera un canto come questo cullasse il mio riposo e quello delle creature che abitano nella mia mente e nel mio cuore.

In quei due anni calabresi ho vissuto molto insieme agli alberi; ora che sono vecchio li amo ancora di piú, seguo la crescita di quelli che ho piantato e innestato, il loro declino, i loro malanni, come fossero parenti e amici.

Mio padre, quando passeggiavamo insieme, diceva che bisogna affezionarsi agli alberi, distinguerne le voci quando il vento scarmiglia i rami e le foglie suscitando sonorità diverse secondo che spiri dal ponente o dallo scirocco. La loro voce cambia e ti avvisa – se hai imparato a capirla – che la tempesta sta arrivando o che le nuvole cederanno tra poco al sereno. La voce degli alberi vive nel vento come quella delle campane, e ogni albero ha la sua secondo l'ampiezza della fronda, l'altezza del ramaggio, la consistenza del fogliame.

Raccontava di quando la campagna era una vera campagna, con la villa padronale su un poggio e il rustico dove abitavano i contadini poco piú in là, e tutt'intorno ulivi alti come querce che per raccoglierne i frutti bisognava battere i rami con le pertiche e le olive cadevano sulle coperte stese a terra per attutirne il colpo, evitando che il grado di acidità dell'olio fosse troppo elevato.

«Non ti guardare la punta dei piedi, – mi diceva, – guarda in alto se il verde nuovo è spuntato, se i fiori hanno sofferto per troppo calore, se la grandine li ha toccati, se la mosca li ha impestati».

Mio padre considerava gli alberi come le mucche, le pecore, le api, per il frutto che davano: bisognosi di cure, di assistenza, di amore. Un amore interessato, ma non soltanto. Quando uno dei suoi amici alberi seccava per vecchiaia o per malattia, prima di farlo abbattere ci pensava, lasciava passare le stagioni. «Che fretta c'è? – diceva al contadino già pronto con l'ascia e la sega per l'esecuzione. – Che noia ti dà? Può darsi che a marzo metta le foglie. Aspettiamo».

Alla fine la scure faceva il suo ufficio e i ciocchi finivano nei caminetti di casa e noi li guardavamo consumarsi e diventare brace e cenere ricordando chi di noi li aveva piantati e quando. Certe querce le aveva messe a dimora il mio bisnonno e portavano la data impressa sul tronco con la vernice rossa ed era il 1838, quando don Pietropaolo era stato nominato capo urbano di Monteleone da re Ferdinando e per festeggiare la nomina aveva piantato un viale di querce e di allori marcando su ciascuno l'anno e il giorno.

Ma gli alberi, oltre che persone, sono anche case e luoghi. Ospitano le popolazioni degli uccelli, delle formiche, dei ragni, dei bruchi, delle cicale. Anche di qualche gatto randagio e di qualche scoiattolo.

Gli alberi non sanno di ospitar tanta vita e gli ospiti non sanno di essere ospitati. Conoscono il ramo, la foglia, il nido dove hanno messo la loro sede, lo ritrovano al buio, lo difendono per nascondersi, per partire, per ritornare.

Anche noi, oltre che persone, siamo luoghi e case, ma spesso non lo sappiamo e se qualcuno ce lo dice il piú delle volte ci sembra un'offesa.

Ci sentiremmo degradati se fossimo definiti come un luogo, una casa che ospita il nido, il riparo, il nascondiglio di altri viventi. Se fosse realmente cosí il nostro io perderebbe in parte o in tutto la sua soggettività diventando teatro di gesta altrui. Quindi non piú persona ma cosa, non piú agente ma agito, non piú centro ma periferia del mondo.

Sembra impossibile che la persona possa esser considerata una cosa, priva di soggettività e quindi di storia. Sembra impossibile perché noi siamo la specie che pensa e quindi che agisce in proprio nome. Infine sembra impossibile perché noi, ciascuno di noi, ha un suo destino e quello dà senso alla sua vita che non può ridursi a transitare cibo e fecondare la terra con i suoi rifiuti e le sue carcasse.

Eppure noi siamo anche un luogo, una casa ospitante e appunto un teatro dove si recitano gesta altrui.

Vi sembra un'idea bislacca o bizzarra? «Considerate la vostra semenza», dice l'Odisseo dantesco arringando i compagni e invitandoci alla coerenza e alla virtú. Eppure almeno metà del genere umano ha vissuto per millenni e di fatto tuttora vive in condizioni di schiavitú. Cioè di cosa, di non-persona comprata e venduta, priva di diritti. Il diritto del suo padrone ha messo in catene la sua volontà. Lo schiavo è natura invasa, dominata e prigioniera, priva di storia e di destino. Solo i vincitori hanno un destino. Gli irrilevanti no, ne sono privi. Non sono riconosciuti.

Questa è la piú tremenda e intollerabile delle ingiustizie: non essere riconosciuti. Credevamo che fosse una macchia delle civiltà antiche, tutte basate sullo schiavismo, sul dominio del padrone sul servo, del vincitore sul vinto.

Credevamo che già in quei tempi la democrazia avrebbe superato lo schiavismo e invece no, anche la democratica Atene fondò il suo impero sugli schiavi. Credevamo che la Roma del diritto avrebbe saputo fare a meno della schiavitú. Credevamo che il Cristianesimo avrebbe riscattato le persone e spezzato quelle catene. Ma neppure questo è accaduto.

Poi abbiamo creduto che i diritti dell'uomo, sanciti dalla Rivoluzione americana e da quella francese, sarebbero arrivati al prezioso risultato dell'eguaglianza di tutti di fronte alla legge. Molti infine hanno riposto le speranze della liberazione nel comunismo e nella Rivoluzione d'ottobre.

Ma ora dobbiamo toglierci le bende dagli occhi e i tappi dalle orecchie. Dopo millenni e millenni la riduzione della persona a cosa, la divisione tra padrone e servo, il mancato riconoscimento dell'altro, costituiscono ancora un tratto dominante della specie.

La natura non ha anima? Forse è la parola anima che ci imbroglia la testa e stabilisce una gerarchia. L'uomo vertice del creato e la natura al suo servizio. L'uomo unico essere in comunicazione col Creatore e creatore egli stesso per delega. La conoscenza identificata con la scienza e questa trasformata in tecnologia. Infine il capovolgimento del rapporto: la tecnologia diventa padrona dell'uomo, degradato a servo e strumento.

Diversa era la concezione che i greci avevano della natura, all'origine del pensiero occidentale. Ogni elemento e ogni luogo erano una divinità: il monte, il torrente, l'albero, le stagioni, la terra, il fuoco, il mare, il fulmine, le stelle, le costellazioni. E cosí i sentimenti: l'amore, la guerra, la giustizia, la necessità.

In questa visione politeista ogni dio nasceva da un'occhiata sul mondo, ogni forma era divina, le metamorfosi annullavano la separatezza delle specie. E al di sopra di tutti il Fato. La necessità in lotta con la libertà.

La natura senz'anima? Al contrario: «Natura, sive Deus», la natura, cioè Dio. Senza piú differenza tra persone, luoghi, creati, creatori. Ma soltanto forme che emergono dall'informe e ad esso ritornano quando il loro ciclo si esaurisce.

«Tremendo è l'abisso di Acheronte | e inesorabile la sua discesa: | perché chi vi precipita | è legge che piú non risalga». Cosí Anacreonte con divina poesia aveva anticipato la teoria dei buchi neri che inghiottono la materia-energia e la restituiscono ad altri Universi.

Ma noi, noi bipedi muniti di memoria, capaci di opporre il dito pollice alle altre dita della mano, abili nel costruire strumenti, sapienti nel pensare; noi perché siamo stati separati dalla natura? Quando e come è potuto accadere questo fatto inaudito e in che cosa questa separazione ci rende diversi da tutte le altre forme di vita esistenti ed esistite sul pianeta?

È stato quando mi sono fatto questa domanda che è venuto il pensiero dell'innocenza. E il rimpianto dell'innocenza che ci fu tolta per sempre quando l'angelo con la spada fiammeggiante cacciò dal Paradiso i Progenitori scaraventandoli nella storia. Fu allora che ci separammo dalla natura. Da quel momento, durato molte centinaia di migliaia di anni, l'innocenza fu perduta e al suo posto si installò la coscienza. Il pensiero che pensa se stesso. Il se stesso che costruisce l'io. Quale suprema invenzione quella dell'io! Senz'altro la piú sontuosa delle fantasie che la natura abbia fin qui saputo produrre.

L'io ha definitivamente perfezionato la nostra separazione dalla natura e la perdita dell'innocenza.

L'innocente non sa di esserlo. La pietra è innocente, il passero, ma anche il falco che ghermisce, la tigre che sbrana, il serpente che afferra la preda e la divora, la furia del fiume che straripa uccidendo e devastando. Tutti sono innocenti, tutto quanto esiste al mondo è innocente e puro.

Soltanto l'Io ha perduto l'innocenza. Come è potuto accadere un evento cosí enorme, uno sconvolgimento cosí tragico, che un animale fra i tanti, una forma tra le innumerevoli forme abbia perso l'innocenza inventando il peccato, il senso di colpa e la vocazione a trasgredire?

Forse per recuperarla bisognerebbe distruggere l'Io. Non è questa del resto la via che i mistici d'Oriente e d'Occidente hanno tentato? Non è la via del Buddha e del Brahma?

C'è una pagina delle *Confessioni* di Agostino che spesso rileggo: «Grande è la potenza della memoria, qualcosa di terrificante la sua profonda e infinita complessità. Tutto questo è la mente, tutto questo sono io.

Che cosa dunque sono io, mio Dio? Quale la mia natura? Salendo attraverso la mia mente a te che immobile mi sovrasti io sorpasserò anche questa mia forza che si chiama memoria col desiderio di coglierti dove puoi essere colto e di aderire a te dove aderirti è possibile. Sorpasserò dunque la memoria ma dove ti troverò, mio vero bene e mia sicura dolcezza? Se ti trovo al di fuori della mia memoria, non avrò memoria di te. Ma come posso trovarti se di te non avrò memoria?»

Qui erompe la disperazione di un mistico disposto a rinunciare alla sua memoria, che si pone il problema di come senza piú memoria, senza piú mente, senza piú io, potrà trovare e riconoscere Dio. Attingere alla beatitudine dell'innocenza nella contemplazione di Dio. Attingervi «consapevolmente»: questo è il dramma che Agostino ci rappresenta. L'anima vuole essere consapevole della sua beatitudine quando arriverà al cospetto di Dio, ma se lo fosse non sarebbe piú innocente, non avrebbe smantellato l'io che distingue l'uomo dalla bestia e dall'angelo.

Questa contraddizione che il mistico vive nella sua ricerca di Dio, tutti noi la viviamo quando tentiamo di conoscere la «cosa in sé», l'inattingibile essenza del «noumeno» che Kant mise al centro della ragion pura.

Le cose – e le persone – bisogna accarezzarle con mano lieve, bisogna fissarle a lungo, coglierne il calore, pesarne la consistenza spogliandosi delle difese del proprio io, dei suoi appetiti, del suo narcisismo, della sua profonda e connaturata convinzione di essere il centro del mondo.

Bisogna dimenticarsi di sé per conoscere l'altro senza invaderlo, bisogna modificare la grammatica della psiche per passare dall'io e dal tu al noi. Il noi dell'accoglienza che cancella la separatezza.

Violare l'essenza delle cose è un'impresa estremamente rischiosa, una sorta di discesa agli Inferi neppure immaginabile se non si dispone di un deposito di amore tale che renda possibile superare l'io e il tu declinando al loro posto il noi.

Ricordate il Gesú di Nazareth nell'orto del Getsemani, la notte in cui fu arrestato e poi processato, infine crocifisso sul Golgota?

Raccontano i Vangeli che si recò in quell'orto per pregare e comunicare al Padre la pena che gli gravava sull'anima. Lasciò Pietro e Giacomo che l'avevano seguito fin lí e si inoltrò nell'ombra della notte. Poi si gettò a terra e invocò il Padre. Gli chiese di allontanare da sé il calice della sofferenza. «Ma se tu non vuoi, sia fatta la tua volontà». Per due volte invocò il Padre e rinnovò quella preghiera senza ottenerne risposta. Intanto arrivavano i soldati per arrestarlo.

Che cosa significa questo passo capitale dei testi evangelici se non il tentativo del Dio incarnato di non abbandonare la sua natura umana e tuttavia adempiere al compito che si era dato di assumere su di sé tutti i peccati del mondo?

Una duplicità inconciliabile perfino per chi immagina di essere Dio, dal momento che ha deciso di assumere la forma di figlio dell'uomo.

Agostino, in quel brano delle *Confessioni* sopra citato, rivive mentalmente il dramma del Getsemani e del Golgota constatando la stessa impossibilità: neppure il piú innocente dei figli dell'uomo, neppure un Dio che assume la forma dell'uomo può recuperare l'innocenza. È la natura umana ad impedirglielo.

Possiamo soltanto avvicinarci all'altro, capire l'altro, amare l'altro, ma non violando l'autonomia e il mistero della sua essenza.

Capitolo quinto

Le stelle danzanti

Oggi l'aria è piú fresca e il mare che guardo dal mio balcone di rocce grigio-rosa sembra dipinto a strisce, dal verde al celeste all'indaco secondo la profondità del fondale.

Di fronte, con un profilo di scogli sdentati, la costa di Caprera si allunga verso Capo d'Orso. A occidente il porto della Maddalena e l'arcipelago che da Spargi e Santa Maria si apre sulle Bocche di Bonifacio. Sullo sfondo una remota Corsica dorsuta che il maestrale tinge di viola.

Isole dell'aria migrabonde. Questo verso mi torna alla mente tutte le volte che ho davanti agli occhi lo scenario del mare punteggiato dalle terre vaganti della fantasia.

Le isole navigano e noi con esse, col bagaglio dei nostri sogni leggeri. Al tramonto, quando arriva l'ora del blu, i sogni cedono il posto ai ricordi.

Infine la notte, e il respiro del mare sembra il respiro stesso dell'essere e della sua infinità. Scintilla in alto il carro dell'Orsa, le tre stelle del timone ricurvo e il brulichio della galassia, «la fascia d'ogni tormento».

Ciascuno di noi si sente il centro del mondo, e questa è la prima risposta che i mortali dànno alla sfida della mortalità. Ecco un punto decisivo che spezza alla base la struttura unitaria della specie.

Il centro è dappertutto, ovunque vi sia un individuo pensante. Si possono dare infinite interpretazioni alla centralità della persona, dall'inevitabilità del suo rapporto con il Dio trascendente che l'ha creata ponendola al vertice del mondo, alla sua autonomia da un improbabile creatore. In realtà la centralità dell'individuo conduce in linea retta all'abolizione di ogni assoluto, al relativismo di ogni verità e di ogni asserzione veritativa perché se io guardo il mondo dal mio angolo visuale, ciò che vedo, intuisco, sento e giudico differisce da tutti gli altri possibili angoli visuali.

Io non falsifico la verità, ma la percepisco a mio modo e non posso percepirla in altro modo se non cosí. E poiché questa è la condizione che sovrasta il nostro pensare e il nostro agire, ne segue che l'assoluto non può che essere proposto e imposto dall'esterno alla mente di ogni individuo come modello da seguire cui conformare i propri comportamenti e le proprie credenze.

Ma anche quel modello calato da fuori su di noi sarà da ciascuno vissuto e interpretato a proprio modo, e quindi non sarà assoluto, e sempre dovrà rapportarsi alla centralità esclusiva del singolo punto di osservazione.

Il centro è dappertutto. Dunque in nessun luogo. Il centro implica una circonferenza. Ma se il centro è dappertutto, la circonferenza non è in nessun luogo. Oppure ci sono tante circonferenze quanti sono i centri? Circonferenze intrecciate fra loro, sovrapposte, aggrovigliate?

Questa visione trasforma la geometria dell'anima in un caos. Oppure in un insieme di stelle danzanti.

«Bisogna avere ancora un caos dentro di sé per partorire una stella danzante. Io vi dico: voi avete ancora del caos dentro di voi». Questo pensiero è dell'autore di *Zarathustra*. Con il quale noi che viviamo nella modernità e sulla soglia del nichilismo dobbiamo inevitabilmente confrontarci.

A differenza di Descartes e di Kant, Friedrich Nietzsche non è stato soltanto un crocevia nella storia delle idee, ma ha segnato una svolta, anzi ha incendiato l'epoca sua ed ha suscitato una rivoluzione.

Lo spirito di quella rivoluzione lavorava da tempo sotto traccia. Baruch Spinoza ne era stato in un certo senso il precursore. Quando Nietzsche lesse – tardivamente – l'*Etica* e il *Trattato* di Spinoza, ne rimase sbalordito. Scrisse ad un suo amico che finalmente non si sentiva piú solo.

Spinoza pensava un Dio completamente privo di ogni «affetto» umano: non misericordioso, non vendicativo, privo di volontà, privo di pensiero, privo di memoria. Un Dio onnipotente, eterno, infinito, onnipresente, ma non onnisciente poiché la conoscenza non era un suo attributo. Un Dio pura potenza, necessitato a creare dalla sua incommensurabile forza. Un Dio-vulcano, un Dio-caos, un Dio-cosmico, che erutta forme incessantemente. E quindi un Dio-Natura.

Questo Dio spinoziano è presente in tutte le fibre dell'Universo o degli universi, è energia e materia, è particelle e onde (anche se Spinoza ignorava queste definizioni scientifiche). La sua immanenza è totale e per conseguenza è priva di personalità. Non un ente ma neppure l'essere poiché la sua potenza si risolve nella dinamica del creare senza sosta e senza fine, senza libertà e senza disegno.

Questa è l'immagine di Dio che Spinoza consegnò al pensiero moderno che tuttavia lo ignorò fino a Nietzsche.

Ma non era soltanto Spinoza ad aver seminato i germi della rivoluzione. Quasi coevo di Nietzsche c'era stato Schopenhauer, da lui eletto a suo maestro prima di prenderne le distanze. Poco dopo di lui – scalando il monte da un altro versante – apparve sulla scena delle idee Sigmund Freud. E su un altro versante ancora Einstein, Max Planck, Heisenberg, Bohr e tutta la fisica quantistica.

Tra la fine del diciannovesimo secolo e i primi venti anni del Novecento fu un susseguirsi di eruzioni vulcaniche del pensiero, una serie di terremoti che abbatterono una dopo l'altra le colonne che da due millenni reggevano il tempio della sapienza occidentale. Nietzsche si trovò al centro di questo sisma e ne ebbe piena consapevolezza. Illuminò il suo cielo con la rapidità di una meteora, poi impazzí e per undici anni trascinò nell'ebetudine quel che restava della sua vita.

La meteora nicciana durò poco piú d'un decennio, raggiungendo il culmine negli anni Ottanta del diciannovesimo secolo. Ma il suo livello qualitativo è stato molto discontinuo, la purezza e la luce del diamante sono state spesso occultate dal ciarpame di una retorica a volte insopportabile; l'eleganza dello stile e la potenza delle immagini hanno spesso convissuto con la cartapesta del superuomo, della bestia bionda, della violenza risanatrice, dell'idealizzazione della guerra, del disprezzo verso gli sconfitti.

La diversità dei livelli stilistici e le contraddizioni cosí profonde fanno addirittura pensare ad una predisposizione schizoide poi sboccata nella psicopatia finale. Ma sarebbe sbagliato indulgere a interpretazioni condizionate da diagnosi di tipo medicale.

Resta che Nietzsche non è un pensatore univoco. Le interpretazioni hanno mano libera ed è lui stesso che gliela concede con le sue ambivalenze. Lui del resto ha fondato sulla molteplicità delle interpretazioni l'intera sua visione del mondo e si è offerto come oggetto di studio ai suoi interpreti. Ma non si tratta soltanto di interpretarlo. Si tratta di cercare la pepita d'oro in mezzo alla sabbia. Con tenace umiltà e mettendo in conto molti e possibili errori di percorso. Questo lavoro è già stato portato molto avanti dalla ricerca filologica e filosofica della seconda metà del Novecento, ma non è ancora terminato.

Avevo da poco compiuto diciotto anni quando lessi per la prima volta un libro di Nietzsche. Anzi ne lessi due, quelli che avevo trovato nella biblioteca paterna: *Cosí parlò Zarathustra* e *Al di là del bene e del male*.

I diciotto anni erano per i giovani della mia generazione quelli delle grandi letture e io non facevo eccezione. Si leggeva alla rinfusa, libri trovati in casa, testi studiati a scuola o imprestati da compagni o indicati dagli insegnanti e dai librai.

Nelle discussioni pomeridiane della nostra banda a Sanremo i libri entravano spesso, e spesso ci si accapigliava su un autore o su un personaggio.

Ricordo una lite furiosa su Ettore e Achille. Parteggiavamo quasi tutti per il figlio di Priamo, che secondo l'opinione corrente combatteva in condizioni di assoluto svantaggio contro un avversario che aveva il privilegio dell'invulnerabilità. Questo privilegio alterava le condizioni di gara e i tifosi di Ettore ne erano sdegnati mentre i pochissimi schierati con il Pelide negavano che fosse invulnerabile, dal testo dell'*Iliade* il fatto non risultava, semplicemente era il piú forte ed era quindi giusto che avesse vinto.

Però – obiettavamo noi «ettoristi» – il nostro eroe difendeva la sua gente e la sua città mentre l'altro era un aggressore in cerca di fama e di preda.

Su Odisseo invece eravamo tutti d'accordo: l'eroe del viaggio, dell'avventura, della conoscenza, l'eroe moderno, rivisitato da Dante e innalzato a simbolo:

«Fatti non foste a viver come bruti». Ci sembrò che il suo viaggio fosse il degno programma di una vita ben vissuta e ci ponemmo la domanda del perché un personaggio di cosí eccelsa qualità fosse stato condannato nelle «malebolge». Anche quella ci pareva un'inaccettabile ingiustizia.

La verità era che, pur avendo ricevuto quasi tutti un'educazione cattolica, ce n'eravamo già allontanati. Nessuno di noi si sentiva piú legato alla fede dell'infanzia anche se qualcuno continuava ad andare a messa la domenica per far contenta la mamma e, magari, per incontrare le ragazze all'uscita dalla chiesa.

Intanto si leggeva. Molte letture erano soltanto occasionali e non lasciavano segno. Quelle che invece ricordo furono il *Fedone*, il *Satyricon*, *L'Asino d'oro* per la letteratura antica, e per i moderni *Il Rosso e il Nero*, *Anna Karenina*, *I miserabili*, *Il conte di Montecristo*, *E le stelle stanno a guardare*, *Uomini e topi*, *L'amante dell'Orsa maggiore*, *Furore*. Naturalmente *I tre moschettieri* e *Vent'anni dopo*. *Pinocchio* l'avevamo letto tutti nell'infanzia ma ce n'eravamo scordati senza averne capito la grandezza.

Poi la poesia. Mai come a diciotto anni si leggono i poeti. Non dico solo a scuola ma per conto proprio che è il solo modo di leggere con l'anima.

Mio padre era un patito di Leopardi e di Carducci, ma riuscí a farmi amare solo il primo, insieme al Foscolo dei sonetti e dei *Sepolcri*. Le liriche di Poe, di Keats, di Mallarmé, di Apollinaire, i sonetti di Shakespeare. Govoni, Campana. Ungaretti. E Montale.

Quando lessi gli *Ossi di seppia* e *Le occasioni* capii che quello sarebbe stato un innamoramento di tutta la vita, che ne avrei avuto bisogno da giovane, da adulto, da vecchio qualunque mestiere avessi fatto, qualunque cosa avessi pensato e qualunque fatto mi fosse accaduto. E cosí infatti è stato per tutti i libri di Montale ma soprattutto per quei primi due.

Molti anni dopo lo conobbi e lo frequentai per quanto era possibile frequentare una persona sentimentalmente solitaria. Gli dissi che i suoi versi erano stati lo specchio in cui si era specchiata la mia generazione. Ricordo che mi domandò: «Vi siete piaciuti?» Io risposi: «Ci siamo riconosciuti. Ci siamo sentiti figli suoi». «Per carità», disse lui stendendo il braccio con la mano aperta per rifiutare quell'inattesa paternità.

Eravamo al *Cova*, un celebre caffè di Milano che allora stava all'angolo tra via Verdi e piazza della Scala. C'erano con noi la «Mosca» come lui la chiamava, c'era quella che sarebbe stata mia moglie Simonetta e un cerchio di amici cari ormai tutti scomparsi, Arrigo Benedetti, Emanuelli, Carlo Bo, Vittorini, Marise Ferro, la Cederna, Giancarlo Fusco. Si andava la sera al *Cova* all'ora dell'aperitivo. Qualche volta arrivavano anche Montanelli e Longanesi ma non si univano a noi, ci si salutava alla lontana.

Lessi anche Croce, ai miei diciotto anni: la *Logica*, l'*Estetica*, *La storia come pensiero e come azione*, la *Storia d'Italia*. Lessi i *Saggi critici* e la *Storia della letteratu-*

ra italiana di Francesco De Sanctis e la sua deliziosa autobiografia quando frequentava la scuola «purista» del marchese Basilio Puoti.

Ma soprattutto e piú di tutto lessi Gabriele d'Annunzio, il Poeta e il Vate che evocò da una società informe e piccolo borghese il gusto della guerra, la retorica dell'arditismo, il disprezzo della democrazia e della politica.

Capitolo sesto

Il mio viaggio attraverso il fascismo

Sono stato balilla a sei anni, balilla moschettiere a dieci, avanguardista a quattordici, fascista universitario a diciassette. Fui espulso dal Guf nel gennaio del '43. Fino a quel momento, cioè per undici anni di seguito dall'infanzia all'adolescenza sono stato fascista e mi sono sentito fascista. Ho aderito senza particolari difficoltà agli slogan sulla giovinezza, sulla romanità, sul destino eroico della nazione, sul «navigare necesse», sulla lungimiranza politica del Duce e sulla sua funzione storica.

Ho fatto parte dell'esperimento su vastissima scala di costruzione di un modello ideologico di massa da applicare ad un popolo intero e in particolare ai giovani che offrono maggior presa e malleabilità, una sorta di cera vergine nelle mani sapienti del regime.

La mia generazione, quella nata nei primi anni Venti subito dopo la marcia su Roma e la presa del potere, fu investita in pieno da quell'esperimento, il primo in assoluto ad essere condotto su base scientifica, che serví d'esempio agli altri fascismi affermatisi in Europa tra le due guerre mondiali, compreso il nazionalsocialismo hitleriano che, pur essendo arrivato al potere dieci anni dopo quello italiano, lo scavalcò ben presto in potenza organizzativa, controllo delle masse e degli individui, crudeltà e orrore.

Nacque con il fascismo il partito di massa, un'intuizione moderna (come parecchie altre, a cominciare dalla personalizzazione della politica e del partito nella figura del Capo) fondata su alcuni strumenti di notevole efficacia di carattere culturale e di un tipo specifico di scenografia.

Credo di poter spiegare il funzionamento di quegli strumenti perché sono stati applicati sulla mia mente e sulla mia pelle senza che io ne avessi coscienza. Solo da un certo momento in poi sono riuscito ad osservarli «dal di fuori», cominciando a giudicarne gli esiti e me stesso.

Debbo dire tuttavia che perfino nel momento culminante della mia crisi personale con il fascismo io non avevo ancora una sicura consapevolezza delle cause che la determinarono. Pensavo anzi di essere uno dei pochi veri e sinceri fascisti, ingiustamente punito per aver scritto la verità. Avevo scritto sul giornale del Guf di Roma che il partito era caduto in mano a gruppi di profittatori che ne avvilivano la tempra morale e l'autorevolezza politica. Pensavo dunque ancora in sintonia con gli «ideali» fascisti constatando la loro distanza dai fatti concreti che i miei occhi vedevano.

Le tecniche usate dal regime per manipolare le coscienze si basarono anzitutto sul mito della romanità. L'impero di Roma su tutto il mondo allora conosciuto. La forza delle legioni. La lotta contro l'invasore cartaginese. Cesare. La corruzione del Senato e la necessità di un Capo con poteri assoluti. Infine l'impero e l'imperatore divinizzato.

In questa sequenza venivano inserite alcune varianti laterali che avevano il compito di arricchire il mito della potenza romana con alcuni correttivi di vita austera, di rigore morale e di passione sociale. Cincinnato che lascia il potere quando non è piú necessario alla Repubblica; i Gracchi che lottano contro i privilegi dei ricchi e muoiono in quello scontro sociale. E poi l'oleografia risorgimentale, il «Dio e popolo» mazziniano, l'epopea garibaldina.

Queste erano le basi ideologiche e gli obiettivi indicati dal regime.

Ricordo ancora la sera del 5 maggio del '36 e il delirio che invase l'immensa folla radunata in piazza Venezia e in tutte le strade circostanti, via Nazionale fino al Quirinale, via dell'Impero, il corso fino a piazza Colonna, via del Mare fino al Teatro di Marcello. Voglio raccontarla quella giornata perché è indicativa di come vivevamo e aderivamo al fascismo.

Stavo sulle gradinate di marmo bianco del Vittoriano, dove venivano schierate in quelle occasioni le legioni scelte dei balilla moschettieri, degli avanguardisti e delle giovani italiane.

Gli altoparlanti collocati in modo che tutti fossero in grado di ascoltare trasmettevano gli inni della rivoluzione; potenti riflettori tagliavano il cielo con fasci di luce azzurra; il Colosseo era illuminato dall'interno di luce rossa; via dell'Impero, la spianata dei Fori e i Mercati Traianei sovrastati dalla Torre delle Milizie, erano tratteggiati da tripodi di bronzo fiammeggianti.

Quando si aprí il balcone di Palazzo Venezia e il Duce uscí circondato dai gerarchi, esplose un boato che continuò per alcuni minuti. I nostri capi manipolo avevano ordinato il «pied-arm» e noi avevamo messo il calcio dei nostri moschetti-giocattolo a terra aspettando a bocca aperta quello che sarebbe avvenuto.

Avvenne che risuonò quella voce metallica che ben conoscevamo. Una voce che alternava frasi brevi e lunghe pause, registri profondi e parole gridate a tutto volume. Poi la voce lesse con lo zelo del cronista il telegramma del maresciallo Badoglio: «Oggi 5 maggio, alle ore sedici, alla testa delle truppe vittoriose, sono entrato in Addis Abeba».

La folla esplose e l'esplosione pareva non dovesse finire piú. Noi guardavamo i nostri capi manipolo perché sentivamo anche noi il bisogno di gridare, di muoverci, di agitare in aria i nostri fucili, ma i capi ci tennero fermi: eravamo una forza armata, dissero, e la forza armata deve presidiare imperturbabile gli spazi assegnati.

Il Duce era rimasto immobile, con le mani appoggiate al balcone, il viso proteso in avanti. Ai suoi fianchi i gerarchi cercavano coi gesti di placare l'eccitazione, ma lui non riprese subito a parlare, aspettò che l'attenzione salisse al massimo insieme al piú assoluto silenzio. Infine gridando con altissima voce disse: «Dopo venti secoli l'Impero ritorna sui colli fatali di Roma».

Non ho mai piú visto una piazza, una città, un paese intero – come poi sapemmo, perché tutta l'Italia era attaccata alle radio – invaso da un entusiasmo irrefrenabile come quello. La gente si abbracciava, urlava, piangeva, molti tra la folla svennero e il suono delle ambulanze si mischiò alle urla e agli applausi.

I nostri capi ci avevano ordinato il «presentat-arm» per salutare il ritorno dell'Impero, ma noi, con gambe e braccia informicolite da una cosí lunga immobilità, non eseguimmo l'ordine e ci mettemmo anche noi a saltare e urlare come ossessi, molti scivolarono sui gradini e qualcuno nella ressa si fece anche male.

Questo accadde il 5 maggio 1936 e poi quattro giorni dopo, il 9, e moltissime altre volte a piazza Venezia e in tutte le piazze d'Italia. L'ideologia, in uno scenario di quella forza, non temeva confronti. Quando Hitler parlava a Berlino o a Monaco o dovunque, non aveva alle spalle un mito di duemila anni appoggiato ai ruderi imponenti dove i fatti di allora si erano effettivamente svolti.

Noi, giovani e adulti, eravamo tutti fascisti, salvo i pochi che avevano avuto la forza di sfidare il regime e languivano nelle carceri o erano espatriati. Ma quando quella cartapesta andò in frantumi sotto le bombe dei «Constellation», quando i greci ci sconfissero in Albania, quando l'Ottava Armata inglese ruppe il fronte a El Alamein, quando gli americani sbarcarono in Sicilia; quando tutto questo avvenne quaranta milioni di fascisti scoprirono di essere antifascisti.

Cosí, per quel che posso ricordare, andarono le cose.

Naturalmente, a volerci guardar bene dentro, la questione era piú complicata. E, se si vuole affrontare la cultura del fascismo, addirittura complicatissima perché entrano in gioco il nazionalismo, il sindacalismo rivoluzionario, il futurismo di Marinetti e – soprattutto – Gabriele d'Annunzio. La «décadence» europea. E dunque lui, proprio lui, l'autore di *Za-*

rathustra, della *Gaia scienza*, di *Ecce homo*: Friedrich Wilhelm Nietzsche.

Con D'Annunzio ho avuto nella mia adolescenza un rapporto particolare. Mio padre, dopo due anni di trincea sul Carso e sull'Isonzo, era ancora mobilitato, tenente degli Alpini e «ardito», quando il Vate, l'«Orbo veggente», il Poeta, il Comandante, chiamò i giovani che avevano combattuto per la «vittoria tradita». Chiamò dando appuntamento a Ronchi per marciare da Ronchi su Fiume. Mio padre andò a quell'appuntamento e restò a Fiume per oltre un anno.

La mobilitazione fiumana è stata un evento che ha superato di molto l'effettiva consistenza militare di quelli che il Comandante chiamò i legionari. Coinvolse idealmente gran parte dei giovani intellettuali della piccola borghesia italiana, gli interventisti del '14 e del '15 già raggiunti dalla propaganda nazionalista, con la testa piena di letture confuse, Pitigrilli, Da Verona, ma anche *Riflessioni sulla violenza* di Georges Sorel, tutta la letteratura del «beau geste» di Francia e d'Inghilterra. Un'irrequieta borghesia di «spostati», molti dei quali pagarono a durissimo prezzo la confusione che avevano in testa. La pagarono con l'abbrutimento delle trincee, la droga, i pidocchi, le ferite, le mutilazioni, la morte.

Quelli che tornarono vivi e fisicamente intatti soffrirono la frustrazione del rientro nella vita normale. L'insopportabile mediocrità della vita normale. Quando D'Annunzio chiamò, risposero di slancio.

Era un'azione eversiva. Contro il governo italiano che aveva firmato la pace e l'abbandono della Dalmazia. Contro l'esercito italiano, che insieme alle forze alleate aveva a Fiume i suoi contingenti in attesa di trasferire alla nascente Jugoslavia la sovranità su quelle terre.

Era, nella sostanza, un colpo di Stato in miniatura. Ma la figura del Vate gli conferiva una dimensione europea.

A Fiume in quei mesi, fino al «Natale di sangue» del '20 – durante il quale di sangue non ne fu sparso affatto – accadde di tutto. L'immaginazione al potere ebbe lí il suo primo e forse unico esempio e fu un'esplosione di idee, di dilettantismo, di trasgressività, oscillante tra modelli futuristici e regressioni gotiche. Ma io da mio padre non ebbi alcun racconto, nessuna testimonianza diretta. Del resto non ebbi alcun racconto neppure delle sue esperienze di guerra. Come se quei ricordi fossero stati asportati in blocco dalla sua memoria.

Credo che quell'autocensura sia derivata da un trauma psicologico molto forte: il suicidio, avvenuto nel '23, di suo fratello che aveva avuto la spina dorsale spezzata in un assalto sull'altipiano di Asiago nel '16, una medaglia d'argento e la dipendenza dalla morfina. Resistette per sette anni sulla carrozzella dei grandi invalidi. Poi si sparò.

Da allora, della guerra e di Fiume mio padre non parlò piú.

Mi parlò invece molto del D'Annunzio scrittore. Leggeva ad alta voce e declamava benissimo, mio padre. E lo faceva ogni volta che ne aveva l'occasione. Credo che avesse ereditato da mio nonno questo gusto di declamare e un po' l'ha trasmesso anche a me. Oggi è caduto in disuso ma a quei tempi era un modo per passar le serate, specie nei paesi del sud dove si faceva conversazione nelle case dei nobili e dei proprietari.

D'Annunzio si prestava benissimo ad esser declamato. Cosí conobbi precocemente l'*Alcyone*, molti brani garibaldini di *Elettra*, ma anche il *Poema paradisiaco* e le *Canzoni delle gesta d'oltremare*.

La vedo ancora la figura slanciata di mio padre, con le lenti azzurrate a «pince-nez» e la cravatta a farfalla, che scandiva gli endecasillabi della *Canzone del Sacramento* arrotando le erre, dove le flotte di Amalfi, Pisa, Genova, si radunano per assaltare i barbareschi e il Vescovo li comunica, ma le ostie non bastano a comunicare tutte le ciurme e allora uno di loro riempie l'elmo con l'acqua di mare e il Vescovo la benedice e con quell'acqua celebra l'Eucaristia. «E si comunicarono col mare, – recitava lui sollevando gli occhi dal libro e guardandomi per chiedere la mia identificazione con quei versi sonanti, – e a ciascuno di lor fu sacramento». Oh, era bravo il mio papà. E puro nella sua proverbiale scapestrataggine. Puro come tutte le forme autentiche, non corrotto dall'ipocrisia e dall'avarizia di sé.

Però non mi trasmise solo D'Annunzio. Mi trasmise Leopardi verso il quale aveva una sorta di venerazione. Mi lesse tutto *I Promessi Sposi*; a quell'epoca il romanzo del Manzoni non si studiava a scuola ed io lo conobbi a casa capitolo per capitolo, e quindi l'ho ama-

sposta a quella lettura e l'orecchio già educato a quelle parole.

Quest'architettura culturale e le emozioni vitalistiche che ne costituivano l'essenza si inscrivevano perfettamente nella cartapesta del fascismo, ne rappresentavano il retroterra culturale e filosofico. La filosofia gentiliana dell'atto puro, dell'atto come suprema verità, ne costituiva il completamento e ne forniva la giustificazione morale. Cosí almeno sembrava ad un giovane cresciuto nelle accoglienti spire del regime.

Vero è che nelle pagine nicciane – anche limitandosi allo *Zarathustra* e senza inoltrarsi nelle opere scritte dopo – c'erano molte altre cose del tutto difformi. E perfino – perfino – la necessità di distruggere l'io per poter avanzare nella conoscenza dell'altro. Ma allora quelle verità difformi, quelle laceranti contraddizioni, quegli improvvisi fiotti di luce sulla vita, sulla morte, sul caso, sul destino, sul caos, sulle forme; io la vastità e la profondità di quel pensiero allora non le vidi, non le compresi.

Dopo il crollo del fascismo la mia generazione ha rimosso Nietzsche come il cattivo maestro e il falso profeta che aveva contribuito a manipolare le nostre menti, spostando su di lui responsabilità che non erano sue. Tanto ci era costato liberarci di quel virus ideologico che aveva inquinato la nostra immaturità.

Solo dopo trent'anni ho sentito la necessità di riprendere in mano i suoi libri e m'è sembrato d'incontrare un autore nuovo e a me sconosciuto, ma forse ero io ad esser cambiato e a cercare in quelle pagine uno specchio che riflettesse una diversa immagine di me. Accade spesso, con i libri e con le persone, in cerca di un senso che speri finalmente d'aver trovato ma che continua sempre a sfuggirti tra le dita.

Capitolo settimo

La morte di Dio

Noi siamo l'unica tra le specie viventi a porci il problema del senso. Un problema strettamente legato a quello dell'innocenza, del sentimento del tempo e del «morietur» che l'accompagna. Qual è dunque il significato ultimo di questo nostro transito altrimenti insensato? E la morale che dovrebbe guidarlo?

Il senso ultimo, quello cioè che spiega la vita terrena come un percorso preliminare, una prova durante la quale l'anima individuale deve guadagnarsi la sopravvivenza in un oltremondo illuminato dalla luce del Dio trascendente, costituisce il fondamento delle due religioni monoteistiche e delle Scritture che ne contengono la dottrina: il Cristianesimo e l'Islam.

Il monoteismo piú antico, quello ebraico da cui gli altri derivano, lascia invece sullo sfondo il tema della vita oltremondana e pone il senso ultimo nell'alleanza tra Dio e il popolo eletto di Israele; un'alleanza che si realizza nel corso della vita terrena e culminerà con la venuta del Messia e del regno dei giusti.

Pur con queste non lievi differenze i tre monoteismi convergono nella definizione del senso ultimo come rapporto tra Dio e il popolo di Dio, i comandamenti che provengono dalla rivelazione, il rispetto della legge divina, la morale che deve governare i comportamenti e – soprattutto – un deposito di fede che sorregge l'architettura dottrinaria creando un flusso di preghiere, di amore e di speranza che sale dalla terra al cielo, dalle creature al Creatore, un immenso «transfert» che rappresenta l'essenza del sentimento religioso.

Fede e sentimento religioso sono due modi per designare lo stesso concetto, la credenza in un oltremondo che dà senso all'esperienza mondana. Il peccato, la perduta innocenza, sono elementi intrinseci del sentimento religioso. Se noi non fossimo esposti al peccato e non dovessimo lottare contro le sue tentazioni non vi sarebbe motivazione alcuna che dia senso alla vita terrena.

Il peccato è il male. La trasgressione. La disubbidienza. Dio consente che vi sia il male. Il male serve a definire il bene come la tenebra serve a definire la luce.

Compiuto il percorso terreno e recuperata l'innocenza, le anime avranno accesso alla diretta contemplazione di Dio e vivranno nella beatitudine eterna.

All'obiezione di chi si chiede a che cosa serva e che senso abbia un percorso terreno cosí accidentato che riporta infine l'umanità nella condizione adamitica se non addirittura preadamitica, la risposta piú sofisticata afferma una differenza profonda tra l'innocenza di Adamo prima della trasgressione e l'innocenza delle anime salvate. Esse hanno avuto esperienza del male; la loro innocenza è stata recuperata in presenza della loro coscienza; quindi della loro memoria; quindi del loro io.

Quale promessa piú attesa, piú appagante, piú dolce

di quella d'un oltremondo di beatitudini dove i salvati manterranno l'io e la memoria?

Ricordate la pagina di Agostino che cerca disperatamente Dio, «dolce sicurezza», ma per trovarlo teme di dover rinunciare alla sua memoria individuale e al suo io? La grazia supererà questo ostacolo, Dio tenderà la mano alla sua creatura e l'aiuterà a sollevarsi al suo cospetto «senza perdita di coscienza». E cosí tutto il bagaglio di speranze sarà accolto. Ogni incertezza, ogni angoscia, ogni paura saranno fugate.

Incertezza, angoscia, paura. Sono queste le tre parole-chiave radicate nella nostra mente al cospetto della morte, del suo incombere lungo tutto l'arco degli anni che ci sovrasta. Per sfuggire a quell'incubo la sola consolazione, il solo ristoro è quello di dare uno sfondo al mondo-di-qua, di poter immaginare un mondo-di-là, una luce in fondo al tunnel, un senso ultimo in mancanza del quale non ci resterebbe altro che la rimozione del problema e la sua sublimazione.

Il «carpe diem» è la rimozione e la sublimazione maggiormente praticata. «Chi vuol esser lieto, sia | di doman non c'è certezza». L'incertezza del domani si combatte con un'allegria, una spensieratezza violenta e vagamente macabra, una danza di morituri che si svolge ogni giorno su tutto il pianeta.

Ma la rimozione-sublimazione non si esaurisce nella ricerca quotidiana dell'allegrezza. Ci sono infinite altre modalità: il lavoro, l'ascesa sociale, le opere, il potere, l'amore. Infiniti modi di procurarsi piacere, compreso quello che deriva dal piacere procurato agli altri, la «caritas», l'amore del prossimo. Insomma la vita.

Il vero antidoto alla paura della morte non può che provenire dalla vita. Essa è un formidabile diversivo, un antidoto che respinge indietro quel pensiero e quella paura.

Le persone piú vitali sono quelle che hanno maggior terrore della morte, e perciò costrette a sfuggirla e a rimuoverne l'incubo moltiplicano gli atti di vita e collocano in essi il senso del quale hanno bisogno. Un senso che occupa tuttavia solo un segmento della nostra esistenza, il tempo di concentrare lo sforzo su un risultato, su un obiettivo, su una persona, su un progetto. Quando l'obiettivo viene raggiunto, quel segmento di senso si esaurisce e bisogna sostituirlo con un altro progetto, un altro amore, un altro piacere. Un'altra sublimazione.

Tutti questi esorcismi contro il pensiero della morte hanno il loro fondamento nel fare. Escludono la contemplazione passiva, la quale è possibile soltanto se siamo sorretti non già da segmenti di senso, ma dalla fede nel senso ultimo, la credenza nell'oltremondo, la salvezza finale che ci porterà al cospetto del Creatore.

La vita è un breve percorso che si svolge sotto l'incubo della morte. Per superare quell'incubo, la natura ci fornisce segmenti di senso insiti nella nostra naturalità di animali socievoli, coscienti, abili, operosi.

Il «senso limitato», che io chiamo segmento di senso per sottolinearne la connessione con l'attività pratica anziché con il preteso «senso ultimo», coinvolge tutti gli atti vitali di ciascun individuo: il suo lavoro, il suo piacere, la cura delle sue malattie, la conquista del suo spazio e l'impiego del suo tempo. La sua competitività. Il suo amore del prossimo. Il suo innamoramento per l'altro.

Da ciascuno di questi sentimenti e di questi atti promana un senso che sostiene gli attimi della giornata, le giornate che si susseguono, il tempo che ti attraversa e ti trasporta. L'insieme di tanti segmenti è infine la tua vita tutta intera, contraddittoria quanto sono diversi e contraddittori gli attimi che la compongono.

Questo io penso. Ma la paura, l'incertezza e l'angoscia di noi morituri hanno suggerito alla nostra mente la mirabile invenzione dell'oltremondo e dell'Ente infinito, eterno, misericordioso che lo presidia e che ci ha creato con immenso amore per farsi raggiungere da noi peccatori redenti e salvati.

All'inizio del suo lungo viaggio sapienziale, Zarathustra arrivò nella piazza d'un paese immaginario mentre si stava svolgendo un mercato. C'era folla, animali, banchi di vendita, acrobati, mendicanti. E predicatori, falsi profeti che arringavano gente distratta e vociante.

Zarathustra ascoltò e sentí qualcuno proclamare che Dio era morto. Lui sapeva che Dio era morto ma fu pervaso di tristezza nell'udire quell'annuncio sulla piazza del mercato. Il suo cuore era dolente, come avesse perduto una presenza necessaria. O un'illusione indispensabile. Non voleva piú restare in quel luogo e prese la via della montagna alla ricerca di qualche saggio che gli parlasse della morte di Dio.

Questo tema costituirà il punto d'avvio del pensiero di Nietzsche, che culminerà con lo smantellamento della metafisica. Ma l'annuncio della morte di Dio è soltanto il presentimento di un mondo che ha in se stesso il suo unico fondamento. Un presentimento che suscitò nell'autore di *Zarathustra* un sentimento di tristezza e non di liberazione. Lo stesso che aveva provato Leopardi scrivendo il *Cantico del gallo silvestre*, dove descrive la fine dell'universo e della vita cui subentra «un silenzio nudo, e una quiete altissima» con il naufragio d'ogni illusione che aveva cullato la nostra specie e dato un senso alle nostre precarie esistenze.

La morte di Dio è soltanto il prologo del pensiero nichilista. Nietzsche non era un nichilista, contrariamente alla vulgata che l'accompagna. Testimoniava la decadenza della civiltà occidentale sopraffatta dal nichilismo, ma ne preconizzava la fine quando si fosse toccato il fondo. Dedicò i dieci anni intellettualmente e artisticamente piú fertili della sua vita ad uscire dal nichilismo. Non a caso nei «biglietti della follia», prima di precipitare nell'ebetudine, si firma a volte «Il Crocefisso» a volte «Dioniso» perché il Dio ucciso è la sua ossessione non già il suo obiettivo.

Lui sa che gli uomini hanno bisogno del senso come dell'aria, dell'acqua, del fuoco. Il senso è un elemento indispensabile alla nostra vita. Sentite in questa frase la sua struggente malinconia: «Ogni anima è un mondo dentro al mondo. Ma per me come potrebbe esistere un al-di-fuori-di-me? Non esiste un fuori! Ma questo noi lo dimentichiamo in ogni suono che emettiamo».

E continua: «Com'è dolce che noi dimentichiamo. Non sono stati dati alle cose nomi e suoni perché l'uomo trovi ristoro nelle cose? Parlare è una follia bella. Con essa l'uomo danza su tutte le cose. Com'è dolce ogni discorso e ogni bugia di suono! Con i suoni il nostro amore danza su arcobaleni multicolori».

Nietzsche fu un filosofo, un profeta ma soprattutto un poeta. Pensava attraverso immagini e illuminazioni alle quali si alternavano opacità, enigmi, velleità, retorica. L'opera sua ha bisogno di un attento lavoro che potrebbe definirsi filologico, per dire che deve essere ripulita dalle croste che la deturpano. So bene che ciò significa reinterpretarlo; so bene quanto sia rischiosa e arbitraria e antifilologica la filologia che sto indicando. Ma è lo stesso Nietzsche che ci autorizza a compierla nel momento in cui il suo pensiero antimetafisico raggiunge il culmine descrivendo il mondo come un immenso luogo risuonante di interpretazioni e ravvisando nelle interpretazioni la sola verità possibile e pensabile.

La verità è solo nel nostro sguardo. Perciò non c'è bisogno di uccidere Dio. Dio muore nel momento stesso in cui la sola verità pensabile – e relativa – si colloca nello sguardo dell'uomo.

Dio muore nel momento in cui scopriamo d'averlo inventato per sfuggire la paura.

Capitolo ottavo

Donne ch'avete intelletto d'amore

Per parlar di me: sono stato abbastanza precoce nella capacità di pensare e guardare la realtà circostante ed io che mi muovevo ed agivo all'interno di quell'ambito di mondo. Voglio dire: a guardarmi dal di fuori mentre vivevo.

Sono stato invece molto tardivo a dirigere lo sguardo su di me, sulla mia natura. Tardivamente mi sono posto la domanda «chi sono?»

Per molto tempo mi sono accettato come un dato, un soggetto non modificabile, senza contraddizioni. È vero, mi vedevo vivere nelle mie varie movenze e posture, riuscivo senza alcuna particolare difficoltà a trasferire il mio pensiero fuori di me, fuori della scatola cranica entro la quale viene prodotto; quello sguardo dall'esterno mi guidava ad avvistare ostacoli, a disegnare tattiche e strategie di comportamento; operazioni del tutto naturali, inerenti alla mente riflessiva di cui siamo dotati.

Ma mettere quell'io sotto esame, questo no. Per molti anni non ho neppure sospettato che fosse un'operazione possibile e men che meno un'operazione utile.

Ignoravo poi del tutto che, sottostante alla regione dell'io, vi fosse l'assai piú misteriosa regione del «sé», al di sotto della coscienza l'abisso dell'inconscio, degli istinti, delle pulsioni. La recondita regione delle Madri.

Lo sapevo, ma lo ignoravo. La mia era una cognizione culturale, ma non emotiva. Avevo letto Freud e Jung per dovere di completezza informativa ma senza partecipazione. Ero refrattario. Nessuna fiducia in quel genere di terapia, della quale ero assolutamente convinto di non avere alcun bisogno.

Non significa che non avessi grande rispetto per l'opera dei due fondatori della psicoanalisi e dei loro compagni e seguaci. Anzi. Li consideravo, piú ancora di Marx, uomini che avevano rivoluzionato il secolo. Jung mi affascinava addirittura, con la sua rivisitazione culturale del passato, la sua conoscenza dei miti, delle letterature. Con lui sentivo di muovermi su terreni certi, solidi, strutturati alla mia maniera.

L'inconscio? Certo, c'è l'inconscio, ma è sotto controllo. Di chi? Dell'io, cioè di me stesso. È compito mio controllare e dominare i miei istinti. Non è questo che mi hanno insegnato gli stoici, da Epitteto fino a Montaigne?

Oppure includere gli istinti tenendoli però per la briglia. Cavalli al guinzaglio. Se hai voglia di lanciarli al galoppo sei tu che allenti la briglia e li pungoli, ma quando ti sei stancato di correre allora freni e li metti al passo. Poi, quando non hai piú voglia di cavalcare, riporti il cavallo nella stalla.

Perciò sapevo, ma ignoravo. L'io aveva messo un coperchio sul sé e l'aveva lasciato – credeva d'averlo lasciato – lí sotto.

Naturalmente non era cosí.

Freud impiegò alcuni anni per arrivare alle conclusioni della sua indagine sul «sé» e sul mondo dell'inconscio che pose le basi della psicoanalisi come terapia e come filosofia della personalità. In seguito, attraverso un approfondimento che non ebbe mai soste nel corso della sua vita, colse l'importanza del super-io come strumento di controllo sulle decisioni che la persona avrebbe preso sotto la spinta delle onde emozionali. Segnalò i rischi repressivi insiti in quello strumento di controllo e le sue finalità di conservazione sociale. Fu sempre estremamente interessato alla ricerca sull'organizzazione del cervello, mappe neuronali, la collocazione delle varie facoltà neurologiche, nei limiti della scienza di allora e delle tecniche di ricerca disponibili.

I suoi studi sulla struttura della mente e sulle tre figure psicologiche – l'io, l'es, il super-io – hanno aperto una discussione che dal 1890 ad oggi non è mai cessata, indipendentemente dalle fortune della terapia psicoanalitica che ha registrato fasi di grande diffusione alternate a fasi critiche fino alla marcata decadenza attuale e al ventaglio di pratiche diverse e di diverse interpretazioni.

Ma le tre figure psichiche delineate da Freud hanno assunto un rilievo sempre crescente, soprattutto in filosofia, in letteratura e nelle arti. Hanno creato nuove mitologie. Sono entrate a far parte della medicina al di là dei confini della psicopatologia e della neuropsichiatria.

C'è un punto però che merita attenzione: delle tre figure psichiche che tanto debbono al fondatore della psicoanalisi, l'io è quella da lui meno approfondita. Non perché non ne parli, anzi ne parla continuamente, ne fa addirittura il pilastro intorno al quale si disegna l'intera architettura della nuova scienza. La sua concezione dell'io, tuttavia, nonostante molte varianti, resta quella tradizionale: depositario e titolare della personalità, voce parlante dell'individuo, crocevia delle diverse reti sensoriali, psichiche, neuronali. Punto di raccordo tra l'es e il super-io e tra il mondo dell'inconscio e l'intelletto razionale. Insomma un monarca, anche se continuamente insidiato, a volte addirittura preso in cattività da qualcuno dei suoi potentissimi vassalli, debilitato dalle nevrosi. Ma comunque sovrano della volontà, auriga dei destrieri dei quali stringe in mano le redini.

Freud concede che una parte dell'io sia immersa nella regione dell'inconscio. Ed è il luogo psichico dove si svolge la partita della persona con l'eros, quindi con l'es che è una sorta di caverna dell'eros. Ma qui il pensiero di Freud mostra alcune incertezze e molte opacità. Spesso la coerenza dello schema psicoanalitico si frantuma; la posizione dell'eros cambia pur restando sempre dominante, ma non esclusiva. Perché Freud ha costantemente rifiutato il pansessualismo.

Del resto le origini di Eros, quello mitologico che tuttavia è la fonte e la personificazione divina di questa immensa forza della natura, sono le piú controverse. Non era un dio olimpico. Talvolta si confonde con Cupido e regredisce al rango di arciere e aiutante di

Afrodite. Secondo altre tradizioni il suo dominio viene invece molto prima di quello degli dèi olimpici e durerà anche quando essi saranno scomparsi. Per altre tradizioni Eros nasce all'inizio della cosmogonia, nel momento stesso in cui la luce si divide dalle tenebre.

La mente di Sigmund Freud, ricca di immagini e di echi del «profondo», deve aver vissuto una lunghissima battaglia con l'Eros: quello mitologico, quello sessuale, quello psichico, quello che entrò a far parte integrante della nuova scienza. Ed anche – forse soprattutto – quello del suo personale vissuto.

L'io freudiano resta comunque una figura psichica compatta, ereditata da una tradizione che risale alle prime manifestazioni del pensiero occidentale. L'es e il super-io sono invenzioni di Freud; l'io è invece una rielaborazione che non ne mette in discussione l'unità. Fragile quanto si voglia, nevrotica quanto si voglia e tuttavia indistruttibile. Freud non si pone – cosí mi pare – la domanda che sarà messa in campo a partire dagli anni Trenta del Novecento, e poi approfondita e portata fino ad esiti radicali: l'io non è forse una figura psichica puramente artificiale? Un nome senza contenuti? Un cimiero che serve solo a far riconoscere convenzionalmente una «rete» di cellule e di organi confederati che interagiscono con esiti diversi, attimo per attimo, tenuti insieme soltanto dalla memoria?

Ma se questa è la situazione, non diventa fallace l'intera visione psicoanalitica con i suoi postulati principali, visto che il lavoro terapeutico sull'io si eserciterebbe su un soggetto inesistente, un soggetto che appunto è una rete della quale l'io è soltanto uno dei possibili nomi?

Queste domande anch'io me le sono poste, ma soltanto quando ne sono stato in grado. I libri giusti li avevo letti, ne avevo vagliato i contenuti, ma tutto era rimasto circoscritto entro gli steccati della razionalità cognitiva. Quelle letture erano state certamente interessanti, senza però suscitare dentro di me alcuna emozione. Non mi sembrava avessero nulla a che fare con la mia vita e con il mio io. Io guardavo agire il mio io, ma lui – io – andava bene cosí com'era.

«Tutto bene?» mi domandò una mia amica dalla quale eravamo andati a cena. Aveva una bella casa alla Salita del Grillo sopra i Fori di Traiano. «Tutto bene», le risposi con le parole di rito. «Sí, ti si legge in faccia», disse lei.

Poi, nel corso della serata, ci trovammo accanto nella veranda e lei mi chiese: «Mi spieghi come fai ad esser felice in un mondo dove non si capisce che cosa ci stiamo a fare?» Aveva un'aria stanca, soffriva, un disagio senza cause apparenti, forse un male cattivo era all'opera dentro di lei.

Io risposi: «Cerco di vivere in armonia. Bisogna volerlo con tutte le forze». «Ma se la tua volontà non ti risponde?» disse lei con un'angoscia negli occhi e nella voce. Affermai: «La tua volontà sei tu. Se vuoi ce la puoi fare».

La volontà non ti risponde? Non capivo. Mi sembrava un discorso di pigrizia e mi impazientiva. Lei concluse: «Ti auguro di non svegliarti dalla tua armonia. Un po' ti invidio e un po' mi fai pena». Tornammo fra gli altri amici. Non la vidi piú. Un anno dopo morí dopo molti tormenti.

Quella serata coincise con l'inizio di una crisi che mandò in pezzi la mia supposta armonia e gli equilibri che mi ero tenacemente costruito.

Credo che capiti a tutti, almeno una volta nella vita, e ciascuno la vive a suo modo. Può svanire senza lasciare traccia o travolgerti senza scampo. Oppure farti crescere, darti una dimensione che prima non avevi. Avviene allora che il gioco ricominci daccapo e le carte vengano ridate per una nuova partita. Non significa cancellare il segno di quanto è già accaduto ma allargare la sfera del possibile e la capacità di tentare l'incognito.

Ma queste sono parole. Quando ci stai dentro senti solo un alternarsi di dolore e di gioia, come lampi di tenebra e di luce che ti folgorano e ti accecano. Una fitta di dolore in mezzo al cuore e un empito di gioia che ti allarga il respiro che poi di nuovo diventa affannoso e corto come quello di un animale in corsa coperto di sudore e di spuma. La volontà non ti soccorre, si è rannicchiata in qualche suo segreto nascondiglio e ti ha abbandonato in mezzo al tifone.

In certi pomeriggi d'inverno, quando alle cinque è già buio e lo scirocco batte sulle imposte spingendo nuvole gonfie di pioggia e di sabbia, mia madre per vincere il tedio del cucito casalingo e delle romanze strimpellate sulla tastiera del pianoforte decideva di uscire con la sorella e andare al Tea-room del *Majestic*. La considerava una trasgressione; al *Majestic*, mentre le signore bevevano il tè, un'orchestrina suonava il fox-trot, le coppie danzavano e un «animatore» invitava a ballare le dame senza cavaliere. Mia madre rifiutava, mia zia accettava, avevano nature molto diverse ed erano belle tutte e due. Almeno cosí mi pareva e le fotografie dell'epoca che ancora conservo me lo confermano: erano bellissime.

Mi annoiavo molto in quelle due ore che passavamo al «Tirúm». Loro parlavano fitto fitto di cose che non capivo, dei loro mariti, delle domestiche, delle amiche, di vestiti e di qualche film appena visto. Il tempo per loro scorreva in fretta, reso ancor piú veloce dall'aria di avventura che, a starle a sentire, aleggiava in quella sala. Ma per me non passava mai. Cercavo di attirare l'attenzione di mia madre come potevo, infine le afferravo la mano e tiravo con tutte le forze per farla alzare e andarcene.

Una volta accadde che, dirigendoci verso la fermata del tram, mia madre infilò il tacco della scarpa tra due ciottoli del selciato e scivolò a terra storcendosi la caviglia e sbucciandosi le ginocchia. Io mi spaventai. Anche lei si spaventò perché il dolore era forte e non riusciva a rialzarsi e ad aprire l'ombrello contro l'acquazzone che veniva giú accompagnato da tuoni e lampi.

Qualcuno si era fermato per aiutarci, vidi un'ombra avvicinarsi a mia madre e aiutarla delicatamente. «Si è fatta molto male?» le chiese. «Non riesco a camminare», rispose lei e intanto mi aveva preso per mano.

L'ombra aveva la forma di una giovane donna. Vidi la luce dei suoi occhi, un piccolo colbacco di pelliccia sui capelli bruni e una figura piú alta di mia madre. Un profumo di fiori veniva dalla pelliccia che aveva sulle spalle. «Si appoggi a me, ho la macchina qui accanto».

Da un'automobile scura ferma vicino al marciapiede era sceso un signore con un cappello a visiera in testa e i gambali che a me fecero un grande effetto per via dei soldatini con i quali giocavo alla guerra. Aprí la portiera, aiutarono mia madre a sedersi, la giovane le sedette accanto e io fui messo vicino al signore con la visiera. «Vuole che l'accompagni al pronto soccorso?» disse la giovane col colbacco. «Se non è troppo disturbo vorrei andare a casa». «Ci sono molte scale da salire?» «Sí purtroppo, – sospirò mia madre, – ma in casa c'è mio fratello, ce la farò».

Continuarono a parlare tra loro. Io ero incantato dai movimenti dell'autista, con la ruota dello sterzo, la tromba per suonare e la leva del cambio. Avevo già visto quei meccanismi le rare volte del taxi, ma mai ero stato seduto accanto al posto di guida. Il signore con visiera e gambali mi spiegava le manovre mentre le faceva.

Sentii la giovane col colbacco dire: «Il suo bambino è molto carino, – e sporgendosi verso di me: – È vero che sei molto carino? Quanti anni hai?» «Sette». «Allora vai a scuola». «Sí». «Ti piace la scuola?» «Sí». «Sai già scrivere?» «Sí». Non sapevo dire altro ma la guardavo affascinato dai suoi occhi lunghi e dal profumo della sua persona.

Arrivammo, scendemmo, ci salutammo. Lei dette la mano a mia madre, si chinò su di me, alzò il mio viso verso il suo e mi baciò sulle guance. Poi rimontò nella macchina scura che scivolò via sotto la pioggia lasciando due strisce di ruote dietro di sé.

Quella giovane donna col colbacco, un profumo dolce di fiori e gli occhi lunghi è stato il mio primo amore. Mi innamorai di un'ombra e durò a lungo. Spesso l'ho rivista in sogno. Qualche volta l'ho cercata.

Proprio sulla soglia dei quarant'anni una delle mie certezze andò in pezzi: quella che l'io non possa cambiare, che la sua forza stia tutta nella sua immodificabile coerenza. Cambiano gli spiriti deboli sotto la spinta delle emozioni e dei fatti che ci assediano dall'esterno; ma gli spiriti forti si rafforzano proprio perché non cedono né ai venti tempestosi né al canto delle sirene.

Non avevo messo in conto che il sé è assai piú forte della ragione. Pensavo che la volontà fosse un docile strumento nelle mani dell'intelletto e che le pulsioni provenienti dal profondo si trovassero sotto il dominio dell'io, sovrano del corpo e dell'anima.

Mi stava invece accadendo che una parte sconosciuta di me mi si rivelasse e insieme con essa emergessero contraddizioni laceranti, affetti nuovi in conflitto con sentimenti piú antichi. Io tentavo di distinguere, di separare, di vivere simultaneamente due diverse vocazioni, due diversi approdi sentimentali. Mai come allora ho invidiato il dono dell'ubiquità. Ai mortali non è concessa e noi tentiamo di realizzarla nei nostri poveri modi, accelerando il succedersi di attimi sempre piú veloci e convulsi in una sorta di frenetica giostra che gira su se stessa e alla fine diventerà un gorgo nel quale saremo risucchiati e travolti.

Fermarsi? Scendere dalla giostra? Impossibile, perché l'altro te stesso non puoi piú ricacciarlo indietro, non puoi piú togliergli il diritto di vivere la sua forma e di esprimere la sua voce.

E le persone. Le persone che sono intorno a te, che scambiano con te la loro ricchezza sentimentale, il loro deposito di amore e di esperienza, la loro dedizione. Tu vorresti che lo scambio fosse corale e questo è il tuo tormento, questa è la cruna attraverso la quale la tua carovana non riesce a passare.

Molte notti insonni ho passato sulla soglia di quella cruna. Spesso volevo star solo. Sentivo il bisogno di rintanarmi dove nessuno potesse raggiungermi, ma presto quella solitudine cercata e voluta mi riusciva insopportabile. Come la farfalla che sbatte tra le conterie del lume a rischio di bruciarsi, scompiglia le carte da gioco disposte sul tavolo dalle mani dei bambini come le tende di un accampamento e infine dopo tanto alitare impazzito trova la via di fuga dalla finestra aperta; cosí anch'io sbattevo contro le pareti dei miei limiti, anch'io cercavo il varco senza trovarlo.

Ma intanto la mia natura si trasformava. Cambiava la qualità dei pensieri e degli affetti, il rapporto di me con gli altri, soprattutto di me con me stesso.

Mi liberai dalla necessità, che è sempre incombente, di trovare un senso ultimo. Non ci sono alternative alla vita e dunque il suo senso altro non è che viverla. Come è dolce vedersi cambiare senza smarrire la memoria sentimentale del proprio passato. Non credevo che fosse possibile e invece è accaduto.

Io sono debitore di questo piccolo miracolo alle persone che hanno a lungo accompagnato, compreso e condiviso il mio tragitto, soffrendo con me e scambiando con me la loro sofferenza.

Donne ch'avete intelletto d'amore,
i' vo' con voi de le mie donne dire.

Lo scrivo al plurale, perché nel mio caso sono state quattro, compagne e figlie, alle quali queste pagine sono dedicate, una personale costellazione che è stata il mio significato.

Capitolo nono

Un mestiere crudele

Tra la scrittura e i pensieri c'è una strettissima corrispondenza. Tra i pensieri e le parole. Tra le parole e la scrittura. Si può pensare senza parole? Si può parlare senza scrivere?

Gli studiosi del linguaggio hanno formulato varie teorie su questi complicati e misteriosi rapporti, da Humboldt e Wittgenstein fino alla nascita di una vera e autonoma scienza dei segni. Alcuni sostengono che è il pensiero a creare la parola, altri l'opposto. Io credo che le parole nascano da bisogni e da paure primarie e dalla nostra innata socievolezza. L'uomo ha fame, sete, terrore delle belve e dei tuoni, è invaso da un flusso continuo di emozioni che richiedono di essere espresse e comunicate. Il linguaggio nacque cosí.

La scrittura viene dopo, quando lo svilupparsi della socievolezza renderà necessario comunicare con interlocutori lontani e quando, piú tardi, si vorrà anche lasciare ai posteri memoria di sé. Quest'uso della scrittura segnerà un salto qualitativo della specie, la nascita delle Arti, delle Muse e delle Grazie. Cioè dello stile.

È un altro connotato esclusivo della nostra specie quello di voler interloquire con i posteri, e durerà fino a quando la nostra specie scomparirà. Il bisogno di interloquire con i posteri fornisce un segnale prezioso per misurare la nostra vitalità. L'indebolirsi della sua intensità segnala un inizio di declino.

Noi ci troviamo ora in una fase di declino e ne abbiamo la percezione perché avvertiamo sempre meno il bisogno di interloquire con i posteri. Il bisogno di futuro si è affievolito.

Con il diffondersi della scrittura nacquero anche nuovi mestieri. Scrivere diventò un mestiere. Insegnare a scrivere e a leggere un altro mestiere. Il dominio, fin lí riservato alla spada, incluse anche i detentori del sapere. Guerrieri e sapienti, spesso in lotta tra loro, si impadronirono del potere dominando la moltitudine dei disarmati e degli ignoranti.

Sono trascorsi secoli, anzi millenni, ma la vera lotta di classe è ancora quella tra chi possiede gli strumenti della conoscenza e della guerra e chi ne è privo. La modernità, la globalizzazione, il progresso fulmineo delle tecnologie hanno accentuato questa diseguaglianza, ma al tempo stesso hanno fornito alla classe dominata nuovi strumenti di inclusione e di liberazione. Sicché il futuro dello scontro si gioca oggi sul terreno dell'accesso ai saperi.

Vagheggiare la scomparsa del dominio e delle classi che se lo contendono sa molto di utopia. È piú ragionevole sperare che l'esercizio del dominio non assuma connotati castali e non chiuda l'accesso agli strumenti della conoscenza. Insomma la democrazia, nelle forme richieste dalla struttura politica, culturale, economica che di volta in volta le forze sociali configurano. I detentori del potere puntano invece su forme autocratiche. Il pendolo della storia oscilla da secoli tra queste due alternative.

Tra i vari mestieri che hanno la scrittura come base principale, quello di piú recente diffusione è stato il giornalismo. Le condizioni della sua nascita datano dall'invenzione della stampa, preliminare necessario ma non sufficiente. Affinché si creasse il bisogno di diffusione delle notizie era necessario che si formasse un'opinione pubblica. Il giornale diventa cosí la voce dell'opinione e il suo promotore.

I lettori condizionano i giornali o sono i giornali a dominare i lettori? Lasciatemi dire, come persona esperta dei fatti, che questo dilemma è mal posto anche se ricorrente. Opinione pubblica e giornali sono due facce della stessa medaglia, l'una non si dà senza gli altri e viceversa.

La nascita del giornalismo coincide con l'affermarsi dei partiti nell'Inghilterra settecentesca e, in Francia e in Europa, con i volumi dell'*Encyclopédie* di Diderot e D'Alembert. Con l'Illuminismo e il dibattito culturale e politico tra le diverse élite, perché quella era la struttura sociale dell'epoca.

Da allora i mutamenti sono stati enormi, l'opinione pubblica si conta ormai in milioni di persone, i giornali in decine di migliaia, la stampa scritta è stata affiancata e superata dalle stazioni radiofoniche e televisive e queste dalle reti informatiche. È aumentato il rapporto di interdipendenza tra lettori e fonti di informazione, ma si è creata anche una nuova interdipendenza tra giornalismo e pubblicità di merci e servizi.

Un mercato semplice è diventato estremamente complesso. Ha raggiunto le masse. Dà lavoro a una schiera importante di professionisti. Le capacità dei «media» di manipolare il pubblico sono molto aumentate. La difesa contro queste manipolazioni è diminuita. Tuttavia anche la sensibilità dei lettori, ascoltatori o almeno della loro parte piú responsabile, si è acuita.

Insomma la nuova «lotta di classe» è in pieno sviluppo, e i suoi esiti ancora incerti.

Gran parte della mia vita io l'ho dedicata al giornalismo. Cominciai sessantacinque anni fa e ancora ci sono dentro. Ho contribuito alla fondazione di due giornali, li ho diretti per alcuni anni e sono stato per quarant'anni comproprietario di tutti e due.

Il giornalismo è stato per me il mezzo per esprimere una parte dei miei pensieri. Sono tuttavia riuscito a coltivare pensieri autonomi dalla mia professione e dalle sue regole. Sono riuscito a non farmi stritolare dalla sua logica, che è molto pervasiva.

Il giornalismo non è un mestiere che consenta un tempo libero autonomo rispetto alla professione. Richiede una vocazione. Se quella vocazione non c'è, è inutile provarci.

Vocazione al giornalismo vuol dire voglia e capacità di entrare nella vita degli altri, per raccontarli cogliendoli in tutte le loro posture, quelle gradevoli e quelle inquietanti, innocue o criminose, normali o devianti.

Vocazione ad invadere la vita degli altri, a cominciare da quelli che esercitano un potere. Perciò il giornalismo è anche un contropotere e come tale detiene un intenso potere di controllo. Questa è la ragione che rende la libertà di stampa necessaria alla democrazia e tutelata dalle costituzioni democratiche, una patente di nobiltà che però non ne modifica l'essenza: invadere la vita altrui.

Come tutte le invasioni, anche questa dà una sorta di ebbrezza, un senso di potenza che andrebbe controllato e moderato. Non sempre ci si riesce, specie se il giornalista e il giornale riscuotono successo nel pubblico e suscitano correnti di opinione influenzando comportamenti, decisioni e giudizi.

Io l'ho provato quel senso di potenza e non rappresento un'eccezione ma piuttosto una regola. Ti appassioni all'ebbrezza del potere quando metti il Palazzo, il «Business» e anche la Cultura sotto controllo e, se del caso, sotto processo. E aspiri ad essere il piú bravo a farlo. Il piú aggressivo. Il piú irriducibile.

Poiché tra i giornali vige una concorrenza accanita,

il giornalista si affeziona alla sua verità e alle sue fonti e nega l'affidabilità delle fonti dei concorrenti. La nega per ragioni di bandiera e non di merito. La verità raccontata dal giornale A è la sola credibile per i giornalisti di A, quella raccontata dal giornale B è assoluta per i suoi giornalisti. Bisognerebbe essere piú disponibili a confrontare le fonti anche a rischio di dover riconoscere un errore, ma non accade quasi mai, quando si è scelta una tesi si va fino in fondo.

Questo metodo presenta anche qualche pregio: consente ai lettori che leggono piú di un giornale di confrontare le diverse verità e orientarsi liberamente facendosene una propria. Ma questa è pura teoria. In realtà non avviene nulla di simile. I lettori, anche i piú maturi, aderiscono di volta in volta a questa o quella tesi senza interrogarsi troppo sulla propria personale coerenza, cosí come avviene in certi dibattiti o congressi quando la platea tributa vere e proprie ovazioni ad un oratore e, a distanza di pochi minuti, applaude con lo stesso vigore l'oratore successivo che sta sostenendo tesi del tutto opposte.

La retorica e l'eloquenza sono due grandi invenzioni della latinità. Se bene usate convincono qualsiasi pubblico, si tratti di parole scritte o, meglio ancora, di parole parlate.

Perciò il giornalismo è una professione assai diversa dalle altre, salvo forse l'avvocatura. Confina con la politica; confina anche con la letteratura. Si dice che i giornalisti siano dei politici falliti o dei romanzieri mancati e forse c'è del vero in questo malevolo giudizio. Diciamo una parte di vero.

Avendo praticato quella professione e conoscendola dal di dentro, credo che il modo giusto di definirla sia la parola «dilettante». Il giornalista deve tradurre i linguaggi specialistici dell'uomo politico, dell'economista, del burocrate, del tecnico, dello scienziato e anche il «parlato» dell'uomo comune in una lingua comprensibile a tutti, chiara dove il suo interlocutore è stato oscuro, decifrandone i tecnicismi e il gergo specialistico.

È naturale che il giornalista non possieda conoscenze approfondite. Sarebbe un Pico della Mirandola e non un impiegato addetto alle notizie. La sua è dunque una cultura dilettantesca, un'infarinatura approssimativa che gli impone qualche approfondimento secondo gli incontri e i temi che gli saranno affidati. E tuttavia è, a suo modo, un grande specialista: specialista di dilettantismo, specialista nel capire il gergo altrui e trasmetterlo al pubblico dopo averlo reso comprensibile. Specialista nell'invadere l'animo altrui, stanarlo, obbligarlo a scoprirsi fotografandolo cosí come gli apparirà: nudo, stordito, colto sul fatto.

Professione crudele, il giornalismo. Comporta un po' di magia. Uno «show» per incantare il pubblico. Una voglia di competere e, naturalmente, di uscire vittorioso dalla gara.

Ho scelto il giornalismo come la migliore professione che potessi fare, la piú adatta al mio modo di essere.

Cominciai a diciotto anni sui giornaletti del Guf ma quella non fu nemmeno un'iniziazione. Non imparai nulla perché non c'erano maestri e non c'era nulla da imparare.

Il vero incontro avvenne con la fortuita conoscenza di Mario Pannunzio e dei suoi amici del «Mondo» cui seguirono a breve distanza il mio trasferimento a Milano (allora ero funzionario della Banca Nazionale del Lavoro) e l'inizio della mia collaborazione a quel settimanale che raccoglieva il meglio della cultura liberal-radicale, con il patrocinio di due personalità molto diverse tra loro eppure accomunate in tarda età dall'amore per la democrazia, testimoniato dalle loro biografie morali e politiche: Benedetto Croce e Gaetano Salvemini.

«Il Mondo» fu il luogo dove si realizzò l'incontro tra quei due grandi spiriti. Ne nacque un prodotto unico nel suo genere, reso possibile da un liberale di alto intelletto come Pannunzio e da un personaggio di straordinaria vitalità e curiosità come Ernesto Rossi. Un «tiro a quattro» eccezionale che esercitò notevole influenza sulla cultura politica italiana, valendosi del contributo d'un altro personaggio di eccellenza quale fu Ugo La Malfa e d'uno stuolo di collaboratori ampio e di giornalisti di collaudata professionalità. Una presenza liberal-socialista, in verità piú liberale che socialista, che si interpose tra le due chiese egemoni nell'Italia degli anni Cinquanta, la democristiana e la comunista, tenendo viva una terza posizione e contribuendo cosí a mantenere aperto un sistema che rischiava di chiudersi bloccando il ricambio e la selezione della classe dirigente.

Mi trovai nella fortunata condizione di essere tra i

piú giovani di quella compagnia, insieme a Francesco Compagna, a Vittorio De Caprariis, ad Alberto Arbasino. E lí, in quella redazione che era insieme luogo di lavoro, salotto di incontri e dibattiti quotidiani e laboratorio di iniziative politiche, cominciò la mia iniziazione professionale.

A Milano arrivai nel marzo del '50. Non ero mai stato in quella città e non conoscevo nessuno, ma portavo con me due lettere di presentazione che Pannunzio mi aveva dato per Mario Paggi, un avvocato antifascista che durante la Resistenza era stato uno dei dirigenti del Partito d'azione ed ora era tra i piú assidui collaboratori del «Mondo», e per Arrigo Benedetti, direttore dell'«Europeo» da lui fondato nel 1948, uno dei piú diffusi e innovativi rotocalchi del giornalismo di quegli anni.

Sia «Il Mondo» sia «L'Europeo» erano editi dalla Domus di Gianni Mazzocchi. Le formule erano diverse ma il gusto grafico e giornalistico analogo, Mario ed Arrigo erano tutti e due nati a Lucca, avevano la stessa età, la stessa passione professionale e politica, avevano lavorato insieme a «Omnibus» di Leo Longanesi e insieme fondato il settimanale «Oggi» negli ultimi anni del fascismo.

«L'Europeo» di Benedetti faceva insomma tutt'uno con «Il Mondo» di Pannunzio, del quale era una sorta di cassa di risonanza. Anch'esso di intonazione liberal-socialista ma, a differenza del suo confratello, piú socialista che liberale.

Pochi mesi dopo il mio arrivo a Milano, Benedetti mi offrí di redigere una rubrica di economia. Cominciai anche a collaborare a «24 Ore», un giornale economico fondato qualche anno prima da Piero Colombi, un giornalista di livello e con forte spirito di indipendenza. Intanto continuavo la collaborazione al «Mondo» con articoli prevalentemente economici, guidato da Ernesto Rossi cui Pannunzio aveva delegato di sovrintendere a quel settore.

Ebbi dunque la fortuna di incontrare ottimi maestri. Benedetti mi insegnò a scrivere con chiarezza, Rossi l'efficacia della polemica, Colombi come applicare la limpidezza della prosa ai problemi complessi dell'economia.

Tutte le domeniche nello studio di Paggi in via Brera si riuniva, dalle undici all'una, un gruppo di persone che occupavano ruoli importanti nella città: c'era Adolfo Tino, che sarebbe di lí a poco diventato presidente di Mediobanca e ne era allora capo dell'ufficio legale; lo scrittore Arrigo Cajumi, presidente dell'Italgas; Leo Valiani e Antonello Gerbi, dell'ufficio studi della Comit; Riccardo Bauer, noto antifascista e presidente dell'Umanitaria; Remigio Paone, impresario teatrale e cognato di Enrico Cuccia (avevano sposato due sorelle, figlie di Beneduce, che era stato il fondatore e primo presidente dell'Iri).

Veniva spesso a quelle riunioni anche Aldo Aniasi, capo partigiano e storico sindaco socialista di Milano. Veniva Franco Cingano, mio coetaneo, che faceva le sue prime esperienze nella banca di Raffaele Mattioli, della quale molti anni dopo sarebbe diventato presidente. Di tanto in tanto a quei nostri incontri domenicali faceva la sua comparsa Ferruccio Parri, di cui diventai molto amico nonostante la notevole differenza di età che c'era tra noi.

Insomma, uno spaccato della classe dirigente milanese, la sua parte che oggi si direbbe riformista, laica, liberale.

Queste mie frequentazioni mi dettero un certo prestigio nella banca dove lavoravo. Prestigio, ma anche guai. A causa di una serie di articoli polemici sulla gestione dell'Ente Risi e della Federconsorzi, fui licenziato dalla Banca del Lavoro, alla quale il potentissimo presidente della Federconsorzi, Paolo Bonomi, aveva posto un aut aut di quelli che non si possono eludere: o il mio licenziamento o gli ingenti depositi della Federconsorzi sarebbero stati ritirati.

Quel licenziamento fece un certo scalpore, «Il Mondo» ne diede notizia; mi procurò altre nuove amicizie che avrebbero avuto un peso sul mio futuro: con Guido Carli, con Bruno Visentini e con Raffaele Mattioli.

A quel punto la mia decisione di abbracciare la professione giornalistica divenne definitiva. Quel licenziamento fu la spinta determinante. Molti anni dopo il direttore generale della banca, Imbriani Longo, mi incontrò a casa di comuni amici e dopo aver rievocato le vicende della nostra agitata convivenza professionale mi disse: «Allora, licenziandoti, io feci la tua fortuna». «È vero, – gli risposi, – ma allora non lo sapevamo né tu né io».

Nell'ottobre del '55, con Arrigo Benedetti, che l'anno prima aveva lasciato la direzione dell'«Europeo», e con l'aiuto finanziario di Adriano Olivetti, fondammo

«L'Espresso». Venti anni dopo, nel gennaio del '76, insieme a Carlo Caracciolo e alla Mondadori allora guidata da Giorgio Mondadori e da Mario Formenton, fondammo «la Repubblica», che ho diretto per venti anni. Sommando insieme queste due esperienze si arriva ad un arco di tempo di oltre mezzo secolo. Io ho lasciato la direzione di «Repubblica» nel 1996, ma per desiderio del mio successore Ezio Mauro e della redazione del giornale, quell'esperienza continua sulla stessa linea politica e culturale che fu fin dall'inizio la nostra e che, nella sua ispirazione, risale ancora piú indietro ricollegandosi con «Il Mondo» e con il gruppo di giornalisti che lavorò in quel settimanale.

Giornalisti, ma anche scrittori, artisti, uomini di cinema, intellettuali, economisti.

Si erano già visti in Italia e altrove molti casi di iniziative giornalistiche intraprese da professionisti e da intellettuali, ma quella del «Mondo» e dell'«Espresso» è arrivata fino a «Repubblica» con una caratteristica che si è verificata molto raramente: ha cioè realizzato un'impresa editoriale di inusitate dimensioni, che oggi conta numerosi quotidiani, varie reti radiofoniche, una rilevante presenza sui siti Internet, dando lavoro a migliaia di persone. Il gruppo «Espresso-Repubblica» è quotato in Borsa e ha una capitalizzazione di circa 1500 milioni di euro.

Tutti i giornali di dimensione nazionale contano scrittori e intellettuali tra i loro collaboratori. Ma ciò che distingue il gruppo «Espresso-Repubblica» sta nel fatto che fin dall'inizio giornalisti e intellettuali furono alla guida dell'azienda e delle sue fortune editoriali.

Il nostro gruppo ha avuto un notevole successo editoriale e ha profondamente cambiato lo stile del giornalismo in Italia e in Europa. Ma nello stesso tempo ha contribuito alla crescita civile di tre generazioni di italiani. Questa non è una mia opinione ma un dato di fatto che va molto al di là di una semplice avventura di mercato.

Quando prendemmo la decisione di fondare un giornale quotidiano e facemmo i nostri conti sulle risorse necessarie, ci avvedemmo che il capitale di cui disponevamo era largamente insufficiente. Secondo il piano industriale che nel frattempo avevamo messo a punto ci volevano cinque miliardi per sostenere il giornale fino al raggiungimento del punto di pareggio. La previsione era che quel punto sarebbe stato raggiunto in tre anni, con una diffusione di centocinquantamila copie e una raccolta pubblicitaria adeguata. Tre anni, una redazione di una novantina di giornalisti, un giornale di 32 pagine. Al terzo anno, pareggio o chiusura: non volevamo fare un giornale che non potesse sostenersi da solo sul mercato.

Dovevamo però ancora superare l'ostacolo decisivo: mancavano i soldi necessari. All'inizio del '75 demmo inizio alla ricerca del capitale. Pensavamo che la borghesia «illuminata» avrebbe capito l'importanza del nostro progetto. E andammo a bussare a quella porta.

Questa storia di una borghesia illuminata è stata una delle illusioni che il gruppo del «Mondo» e dell'«Espresso» ha lungamente coltivato: una borghesia liberale, anzi «liberal», la leggenda del partito «Whig» dell'Inghilterra del primo Ottocento, la lega di Manchester sostenuta dall'industria tessile che si batteva contro il dazio sul grano. Insomma l'industria grande e piccola che prendesse nelle sue mani la ricostruzione dello Stato e si alleasse con la classe operaia per risolvere la questione sociale.

Fu un'illusione che resistette a molte sconfitte e che personalmente ancora vagheggiavo fino a metà degli anni Ottanta. A volte bisogna sognare, magari ad occhi aperti, per realizzare un obiettivo. E noi sognammo.

Dopo tre mesi e dopo avere bussato a molte porte chiedendo contributi che non superassero i cento milioni ciascuno e dunque conservassero all'«Espresso» la maggioranza relativa della società editrice, avevamo raccolto seicento milioni. Aggiungendo le nostre disponibilità si arrivava a un miliardo e mezzo.

Fu chiaro a quel punto che dovevamo cercare un socio del nostro stesso mondo editoriale che sottoscrivesse l'altra metà del capitale. Il solo per noi accettabile era Mondadori, una casa editrice al primo posto nel settore librario, con molte testate settimanali a cominciare dal nostro concorrente principale «Panorama», capitali assai piú consistenti dei nostri, impianti tipografici e strutture distributive e pubblicitarie imponenti.

La Mondadori era, come noi dell'«Espresso», un'azienda a carattere familiare. In quegli anni la presiedeva Giorgio Mondadori; l'amministratore delegato era suo cognato Mario Formenton. Con loro prendemmo contatto.

La trattativa fu rapida, a giugno fu decisa la costituzione della società editrice con le azioni divise a metà tra «L'Espresso» e Mondadori. Due miliardi e mezzo di capitale versato da ciascuno dei due soci. Cariche sociali a turno ogni tre anni. A me fu affidata la direzione del giornale.

A luglio, nella bella villa settecentesca di Giorgio Mondadori a Sommacampagna, firmammo l'atto di costituzione della società e fu approvata la proposta di chiamare il nuovo giornale «la Repubblica». Voleva essere al tempo stesso una indicazione politica ed editoriale, perché si rivolgeva a tutto il paese. Caracciolo ed io ci indebitammo fino al collo per trovare il miliardo che ci mancava.

La sera di quel giorno andammo tutti all'Arena di Verona. Davano l'*Aida* e le gradinate, come sempre avviene in quel teatro all'aperto, brillavano di candeline elettriche che facevano un grande effetto coreografico.

Fu una bellissima serata ed io ero molto felice.

Mi fermo qui nel racconto del mio lavoro giornalistico ed editoriale. Del resto, per chi se ne interessa, le vicende dell'«Espresso» e di «Repubblica», il loro peso nella storia della stampa italiana e il ruolo che fin qui hanno avuto nella nostra società, sono largamente note e documentate dalle pagine dei giornali, da molti libri e da moltissime tesi di laurea dedicate a questo argomento.

Ho richiamato le fasi iniziali dei due giornali alla cui

fondazione e direzione ho partecipato per indagare sul rapporto tra la mia attività professionale e la mia visione della vita. Se volete, tra la mia «ragione pratica» e la mia «ragion pura», il rapporto tra il pensiero e la vita e tra la vita e la morale.

La mia attività di editore e di giornalista si è svolta sotto il segno della competizione, né poteva essere altrimenti. Il mercato era aperto, la gara era la regola. Una gara continua a chi fa meglio. Chi arriva per primo su una notizia, chi riesce a informare i lettori con piú chiarezza e completezza, chi ne interpreta le domande e ne soddisfa le curiosità. Ma anche chi, informando i lettori, li mette in condizione di formare le proprie coscienze fornendo motivazioni etiche ed estetiche, sostenendo valori e giudizi di valore. Sotto il segno della gara. Lo spietato segno della gara che lascia sul terreno gli sconfitti e decreta il trionfo ai vincitori, da riconquistare giorno per giorno senza mai allentare la tensione e la presa.

Ripensando a quelle vicende lontane ne vedo ora la precarietà delle passioni che le hanno animate e anche i sentimenti d'ambizione e di vanità che le hanno accompagnate; l'ambizione di rendere al meglio un servizio utile alla comunità e la vanità di apparire nel novero dei potenti. Mettere gli altri sotto tiro ma essere anche noi investiti in pieno dalla luce impietosa dei riflettori, anche noi a rischio di esser smentiti, colpiti da mutamenti imprevisti nel gusto del pubblico.

Assecondarlo in ogni suo desiderio, il pubblico dei lettori, eccitarne le pulsioni anche quando abbiano una natura irrazionale e potenzialmente eversiva, oppure restar saldi nelle proprie convinzioni e contrastarlo a rischio d'esserne abbandonati?

Di solito il pubblico è malleabile, se si fida di te ti segue, parteggia con le tue opinioni che sono anche le sue. Ma può diventar terribile se lo contrasti nella sua natura profonda.

Ne ho vissute molte di situazioni laceranti, quando si deve decidere in pochi minuti un titolo, un atteggiamento, la pubblicazione di una notizia della cui consistenza non sei sicuro o che può danneggiare la vita e la fortuna di qualcuno.

La piú angosciosa mi accadde nel pieno degli anni di piombo, gli anni delle stragi e del terrorismo, prima e dopo il rapimento e l'assassinio di Aldo Moro.

Le Br avevano rapito un magistrato. Dopo qualche giorno rivendicarono quel gesto e posero le loro condizioni: sarebbe stato rilasciato se un loro lungo e delirante documento politico fosse stato pubblicato in prima pagina. Specificarono addirittura in quale carattere e corpo tipografico dovevano esser composti il titolo e il testo. Aggiunsero che il giornale non doveva stampare alcun commento, il documento doveva essere pubblicato integralmente su tutta la prima pagina e nelle successive. Indirizzarono la lettera a «la Repubblica», al «Corriere della Sera», a «La Stampa» e al «Messaggero». Ci dettero ventiquattr'ore di tempo per la pubblicazione. Era la prima volta (per fortuna fu anche l'ultima) che dall'atteggiamento dei giornali veniva fatta direttamente dipendere una vita umana, perciò la lettura di quella lettera, di quel feroce ultimatum, ci raggelò. Convocai subito il comitato di redazione e i principali collaboratori, interpellai la proprietà del giornale mentre furono avviati i contatti con gli altri colleghi destinatari del documento terrorista.

La discussione tra noi fu lunga, le ore passarono veloci e a metà pomeriggio arrivarono in redazione i familiari del magistrato rapito, accompagnati da due avvocati. Mi chiesero come ci saremmo comportati e mi dissero che i rapitori, con una telefonata di due ore prima, li avevano informati che la pubblicazione su «Repubblica» era essenziale, se non l'avessero ottenuta l'ostaggio sarebbe stato ucciso. Per questa ragione la famiglia era venuta a parlarmi invocando l'accoglimento di quelle richieste.

Dissi che se avessimo ottemperato sarebbe stata la fine della libertà di stampa: i terroristi avrebbero potuto rapire una persona qualunque in qualunque momento confiscando di fatto il giornale e imponendogli la pubblicazione di qualunque cosa avessero voluto. Risposero con le lacrime agli occhi che si trattava della vita o della morte d'una persona. Non dissero altro, restarono davanti a me muti e piangenti. Anch'io ero senza parole. Poi gli dissi che avrei interpellato il ministro dell'Interno e il capo della Polizia e che subito dopo avrei preso una decisione. Guardai l'orologio, erano le sei della sera, la prima edizione andava in macchina a mezzanotte.

Dai colloqui che ebbi subito dopo non ricavai granché: il capo della Polizia mi disse che stavano seguendo una traccia ma c'era ancora molto lavoro da fare e l'operazione avrebbe richiesto tempo. Il comitato di redazione e i colleghi piú influenti passarono quelle ore con me e i pareri erano divisi. Alla fine mi dissero che la decisione non poteva che esser mia, e loro, quale che fosse stata, l'avrebbero condivisa.

Ero troppo agitato e convulso per scegliere una posizione, m'era rimasto negli occhi quel coro dolente della famiglia dell'ostaggio e le parole dette dalla moglie: «È in gioco la vita d'una persona». Sentivo il bisogno di uscire, di recuperare calma e coraggio, ciò che stava accadendo mi sembrava irreale, un incubo che tardava a finire.

Salii in macchina e guidai verso il vecchio ghetto, al Portico d'Ottavia, salii le scale d'una casa amica dove avevo avvertito che sarei andato. Chiesi d'esser lasciato solo, entrai in una stanza che ben conoscevo piena di libri e di dischi, scelsi la Settima di Beethoven e misi il «pick-up» sul secondo movimento, l'Allegretto, uno dei brani piú toccanti che conosca. Alzai il volume e mi stesi bocconi per terra ad occhi chiusi, per svuotarmi l'anima dall'angoscia che l'opprimeva.

La musica finí. Mi rialzai, tornai al giornale. Decisi che non avremmo pubblicato il documento. Feci informare la famiglia dell'ostaggio. Presi sonno verso l'alba e mi svegliai tardi. Era già arrivata la notizia che l'ostaggio era stato liberato.

Questo crudele mestiere e il senso che se ne trae hanno poco da spartire con la solidarietà e la compassione.

Richiedono un carattere addestrato al combattimento, un'ambizione a vincere piú che a soccorrere.

Evidentemente io avevo questa vocazione ma ne avevo anche una contraria, sicché ho vissuto contemporaneamente due esperienze diverse e spesso opposte. Tenute insieme da un'etica.

Sentivo che solo il sentimento morale riusciva ad unire il piacere acre della gara con quello tanto piú dolce della solidarietà.

Sentivo tutto questo ma non capivo quale fosse il fondamento di quel duplice modo di essere. Il fondamento del sentimento morale.

Molti filosofi ne hanno scritto; molti grandi spiriti ne hanno parlato. Tutte le scuole e tutte le religioni hanno dato risposte, ma nessuna di esse mi sembrava soddisfacente.

Il fondamento della morale è diventato, cosí, determinante nei miei pensieri. Ho riletto con rinnovato interesse l'*Etica* di Spinoza, i suoi commi, le sue proposizioni, quella prosa secca, deduttiva, scandita come la percussione di un martello sull'incudine. Rilessi con occhi nuovi Montaigne. I dialoghi di Diderot. Gli scritti di Voltaire sulla tolleranza. Quelli di Rousseau sulla natura dell'uomo. Rilessi Kant. E Pascal. Le «Massime» di La Rochefoucauld.

Ho imparato in quegli anni quale godimento intellettuale si prova quando si sfogliano pagine già note e autori già familiari che, nel momento in cui li incontri una seconda e una terza volta a distanza di molto tempo, ti sembrano sconosciuti, ti suscitano nuove emozioni, la scoperta di significati che non sospettavi, dei quali non ti eri reso conto nel primo approccio a quei testi.

Queste esperienze si sono intrecciate con il mio lavoro di tutti i giorni senza fatica, anzi è accaduto che io mi riposassi passando dalla mia ragion pratica alla mia ragion pura. Mi arrischio a dire che l'una arricchisce l'altra e viceversa. E proprio mentre piú accesa e impegnativa si era fatta la gara professionale, piú intenso diventava il mio interesse a studiare la natura della mente e delle figure psichiche che si confrontano all'interno della persona. Cosí scrissi nel 1994 *Incontro con Io* e un anno dopo *Alla ricerca della morale perduta*, che è stata una mia prima conclusione sul fondamento della morale.

Capitolo decimo

L'istinto della morale

Il fondamento della morale, per dirla tutta, è una gran buffa e complicata questione, una spina acuminata e sottile che ci punge dentro e ci obbliga a fare i conti con la nostra passeggera felicità.

Si può immaginare qualche cosa di piú scomodo e di piú apparentemente inutile, anzi inutilmente ingombrante, di una ricerca di questo genere?

Eppure eliminare questa questione non si può, piú cerchi di rimuovere quella spina piú ti ferisci fino a farti talvolta sanguinare. Devi fare i conti con lei. C'è chi li fa ogni giorno, chi mai e chi soltanto nell'imminenza del trapasso aggrappandosi alla pretesa virtú salvifica del pentimento.

In punto di morte il pentimento scivola di solito nel patetico, con una sorta di trattativa privata con «Domine Dio» che fa capolino da una nuvola sotto le sembianze del curato della parrocchia accanto.

Della morale comunque si fa un gran parlare al giorno d'oggi. Forse piú che in ogni altra epoca della storia della nostra civiltà: il sentimento morale, il giudizio morale, la legge morale, la questione morale. Ma da dove arriva la morale? Da quale punto del corpo è prodotta, quale linfa ne è l'alimento, chi mai ha alitato la morale dentro di noi?

«Qualcuno pensa che sia stata la paura del tuono a farcela entrare: tuonava nei cieli e l'uomo derelitto non sapeva darsene ragione; immaginava occulte presenze latrici di arcani comandi ai quali bisognava piegarsi e obbedire. Cosí nacquero la morale e la legge.

Altri fanno coincidere la nascita della morale con il formarsi della società e con la necessità che ciascun individuo, nel tentativo di procurarsi felicità, garantisca di non insidiare la felicità altrui e quindi ponga qualche limite alla propria. Nacquero cosí il diritto e le istituzioni necessarie per codificarlo e amministrarlo. Erano esse espressioni della morale? Quale? Quella discesa dall'alto dei cieli? Quella piú utile allo sviluppo e alla prosperità del cosiddetto consorzio civile? E chi giudicava di quella utilità che ciascuna delle persone consorziate vedeva a modo suo? Questa disputa è tuttora in corso e durerà probabilmente tanto a lungo che non se ne vedrà la fine».

Queste cose scrivevo nel mio libro sulla «morale perduta» e mi sembrano tuttora valide, almeno per me. Pongono domande, che del resto molti si fanno.

Ed ora le risposte. Io penso che la morale sia un istinto come un istinto è l'amore di sé. Due istinti di sopravvivenza che appartengono alla natura dell'uomo. Voglio dire: che costituiscono la natura dell'uomo e lo fanno diverso da ogni altra specie.

L'amore di sé presidia la sopravvivenza dell'individuo, il sentimento morale presidia la sopravvivenza della specie.

Alcuni hanno collocato questi due istinti rispettivamente nel corpo e nella mente depositaria della ragione. Quasi che la mente e la ragione siano funzioni indipendenti ed estranee al corpo.

Questa tesi altro non è che il residuo della distinzione cartesiana tra la «Res cogitans» e la «Res extensa», che tanta fortuna ebbe al suo apparire marcando positivamente la storia della filosofia occidentale, ma fu poi superata dalla scienza e dalla riflessione filosofica successiva.

La distinzione cartesiana resiste tuttavia, puntellata dalla religione cattolica che inizialmente l'aveva avversata come blasfema; in forza della religione, che separa il corpo dall'anima stabilendo tra di loro una gerarchia di valore che non esisteva invece tra la materia e il pensiero cartesianamente intesi, quella schematica suddivisione comporta la tesi che colloca la morale nell'ambito della ragione e l'egoismo nell'ambito del corpo: un'architettura gerarchica, apparentemente granitica e invece fragilissima come un castello di carte. Cito ancora dal mio libro sulla «morale perduta» perché non saprei dir diversamente da ciò che allora ho scritto.

«Il sentimento morale non è un prodotto della nostra razionalità né ci arriva dal cielo inviato chissà da chi, non c'è bisogno di riferirlo ad un Dio come non è necessario un diavolo per spiegare l'amore di sé. Si tratta in entrambi i casi di un istinto potentissimo che è quello di sopravvivere. È cosí per gli uomini come per tutti gli altri animali, ma con una grande differenza: gli animali non hanno immagine di sé, non hanno costruito un io, la loro soggettività è affidata soltanto ad un gruppo di istinti e non alla coscienza. Per questa ragione essi ignorano di dover morire. Sono anch'essi come noi dei morituri ma non lo sanno. Noi invece ne siamo consapevoli, il nostro istinto di sopravvivenza e la certezza del "morire" ci portano a distinguerci dai nostri simili, a primeggiare, a trasgredire. Perciò siamo portatori di germi anarchici e disgreganti rispetto alla specie cui apparteniamo.

A moderare questo rischio di anarchia biologica e sociale interviene l'istinto morale. Istinto, non benevolenza o simpatia, non categoria imperativa imposta dalla ragione. Come potrebbe mai reggere un sentimento, effimero come tutti i sentimenti, di fronte alla forza invincibile dell'amore di sé, alla radice saldissima dell'egoismo, al Narciso annidato dentro ciascuno di noi? Soltanto un altro istinto egualmente forte ed egualmente radicato può competere col primo e convivere con esso.

La specie, ecco il soggetto che i filosofi hanno trascurato, anzi cancellato dal loro ragionare sulla morale. L'istinto di sopravvivenza della specie è il fondamento della morale. È quell'istinto che determina le regole, da esso promana la necessità della legge, la sua volontà ne determina i comportamenti. Simmetricamente lo stesso processo avviene con l'istinto egoistico. Insomma gli istinti ordinano, la ragione sceglie i modi efficaci a realizzarli, la volontà li trasforma in azioni».

In realtà, cercando il fondamento della morale io cercavo me stesso. Tra le varie figure psichiche che si confrontano all'interno d'ogni persona, ho tentato di portare la parte razionale di me nella regione sommersa, dove si depositano gli istinti e si generano le pulsioni destinate poi ad emergere e manifestarsi assediando la mente con richieste, desideri, speranze, fantasmi, paure. Viaggio dell'io nel profondo del sé e risalita a riveder le stelle: in ogni persona che voglia conoscersi c'è sempre una discesa agli Inferi, l'evocazione di memorie ancestrali, la ricognizione delle proprie radici.

È strano: i pensatori e i filosofi che piú a lungo hanno indagato sul fondamento della morale si sono quasi sempre aggirati in un arsenale di concetti astratti dai quali era impossibile ricavare una risposta. La morale non è un concetto, non produce concetti, non deriva da concetti. Chi mette a rischio la propria vita per salvare qualcuno che sta annegando o per difendere un debole dall'aggressione del piú forte o combatte in nome di un ideale in cui crede, non obbedisce a concetti ma agisce sotto la spinta emotiva di pulsioni e di istinti.

Questa è la ragione che spiega gli scarsi e insoddisfacenti risultati della filosofia morale avviluppati in una nuvola di concetti e filosofemi.

Ben piú ricco è stato il contributo della letteratura, della poesia e soprattutto della musica.

La musica precede, accompagna e segue tutte le nostre azioni; è un inno, un canto, un'invocazione all'amore, alla coralità dei sentimenti; ma è anche il dolore per la perdita dell'amore, sconfitto dall'egoismo e dalla cupidigia; e ancora: la manifestazione della potenza e la gioia di viverla.

La musica esprime la sua essenza affidandola interamente ai sentimenti e alla forma che si addice a ciascuno di loro. Cosí quei suoni, quei ritmi, quelle tonalità ci portano alle radici dell'essere e all'«in sé» di tutti i fenomeni.

C'è sempre, in tutte le forme musicali, una pluralità di voci in mancanza della quale la musica non esisterebbe riducendosi a puro rumore. La forma polifonica ospita una quantità di voci e di strumenti. Il contrappunto esprime musicalmente il dialogo tra due o tre voci che si inseguono e si superano. L'orchestra affida la sua tonalità di volta in volta agli archi, ai fiati, agli strumenti a percussione. La forma-sonata alterna l'allegretto all'adagio, allo scherzo, cambiando temi, ritmi e suoni. Si passa dall'esibizione della forza all'effondersi della malinconia, dal solenne incedere della potenza agli struggimenti dell'anima innamorata. Il canto sale verso le stelle o esplora le profondità dell'anima evocando le beatitudini del paradiso o le pene dell'inferno.

Non si tratta di dare un contenuto concettuale alla musica ma di coglierne le forze profonde che la ispirano. L'incipit del *Tristan und Isolde* e il lamento finale dell'opera wagneriana; *L'arte della fuga* di Bach, il *Requiem* mozartiano; le quattro maggiori sinfonie e la *Kreutzer* per violino di Beethoven; le sonate 100 e 108 di Brahms; le tre sonate di Chopin; i *Préludes* di Debussy; *Le sacre* di Stravinskij: cito questi brani perché rappresentano in modo erompente la pluralità dell'essere e dell'umana vicenda, l'io, il tu, il noi.

La musica racchiude queste diverse figure psichiche in ogni suo brano, in ogni sua frase, in ogni suo spartito. Il pentagramma che ne contiene la partitura consente l'espressione simultanea dei sentimenti tentando di decifrarne il mistero.

Capitolo undicesimo

L'istinto della potenza

Fino a che punto la politica agisce nell'ambito della morale? Che cos'è esattamente la politica? Il suo fine, i suoi strumenti, i suoi limiti?

Dovrei saper rispondere con facilità a queste domande; ho vissuto in mezzo alla politica, ho conosciuto da vicino uomini che hanno fatto della politica la ragione esclusiva della loro vita, ho osservato i meccanismi, gli ingranaggi, le trappole, le sconfitte e i trionfi della vita politica. Ed ho avuto un privilegio: l'intimità con la politica si è accompagnata nella mia personale esperienza alla posizione di osservatore. Un osservatore partecipe, non astrattamente neutrale. Partecipe nel senso letterale dell'etimologia: prendevo parte, osservavo stando in una parte, testimoniavo la verità vista da una parte.

Non è frequente vivere in mezzo alla politica e ai politici osservandoli e addirittura facendo di questa posizione privilegiata una professione. Trasformando quella professione in un'impresa. Lucrosa per di piú. E trasformando l'impresa in un punto di riferimento di un'opinione pubblica strutturata, interattiva, della quale l'impresa era al tempo stesso la voce e la guida.

Avrei perciò tutti gli elementi necessari per rispondere a quelle domande, ho conosciuto le regole e le carte di quella partita e i giocatori che vi hanno partecipato. Eppure non so dare risposte semplici e immediate. Salvo che alla prima domanda: no, la politica non fa parte della morale. È vero che i loro territori sono confinanti: la morale è collocata sul bordo della politica e viceversa. Talvolta sono buone vicine, piú spesso si fanno la guerra.

Uno degli uomini politici che ho piú stimato per l'ingegno, la passione e la moralità dei suoi comportamenti, parlo di Ugo La Malfa, mi spiegò un giorno la regola principe del comportamento politico. Era la sera di un capodanno e la passavamo insieme nel casale d'un comune amico nella Maremma di Orbetello.

Avevamo giocato alle carte, chiacchierato di varia umanità, brindato all'anno nuovo. Lui aveva voglia di passeggiare prima d'andare a dormire e mi invitò ad accompagnarlo. Faceva freddo e c'erano banchi di nebbia dalla parte del mare. Lui aveva una sciarpa avvolta intorno al collo, io m'ero rialzato il bavero della giacca.

Arrivammo ad un bar dove si vendevano anche tabacchi e giornali. Ancora aperto. In una saletta sul retro c'era un biliardo ed era in corso una partita. «Sai giocare a biliardo?» chiese lui mentre beveva un caffè. Sí, sapevo giocare. «Allora conosci le sponde». Debbo averlo guardato un po' perplesso perché aggiunse: «Voglio dire, sai giocare di sponda?» «Me la cavo», risposi. «Ecco, non si può far politica se non si sa giocare a biliardo e se non si conosce il gioco di sponda».

«Che c'entra la politica», dissi io. «C'entra e come. Se giochi all'italiana, lo sai, devi far punti mandando la palla dell'avversario sui birilli. E devi tirare in modo da impallare l'avversario mettendo il castello dei birilli tra la sua palla e la tua. Lui, se è bravo, farà lo stesso con te. Sia te sia lui dovrete dunque arrivare sulla biglia avversaria usando le sponde, disegnando sulle sponde un angolo che porti la tua biglia sulla sua in modo da spingerla sui birilli, fare punti e lasciarlo impallato».

Sí, il gioco è questo, ma non vedo ancora che cosa c'entri la politica. «L'uomo politico deve fare punti, deve conquistare il successo, vincere la partita. Perciò il gioco di sponda, gli effetti da imprimere alla biglia perché allarghi o restringa l'angolo, la forza del colpo di stecca, sono gli strumenti del mestiere. Non arrivi mai al successo in modo diretto. Ci arrivi di sponda. La tua biglia deve fare un percorso complicato. Mi fanno ridere quei catoni che ci fanno la predica: "Dovete parlar chiaro, esser coerenti, andare dritti allo scopo". Che ne sanno della politica? Dritti allo scopo! Non era semplice passare dalla monarchia alla repubblica. Non era semplice governare con la Dc e coinvolgere i sindacati operai nel disegno di ricostruire il paese. Non era semplice essere amici leali della democrazia americana e dialogare con il Partito comunista cercando di mantenerlo nell'ambito della Costituzione. Niente è semplice in politica. Bisogna saper giocare a biliardo».

Uscimmo da quel bar un po' piú riscaldati. Io gli dissi: «Però tu non riesci ad andare sopra al 5 per cento dei voti. Spesso neppure lo raggiungi». «Appunto, – rispose, – io guido il piú piccolo partito italiano. Però influisco. Conto assai di piú della dimensione numerica del mio partito. Sbaglio?» «No, hai ragione, tu conti molto piú di quanto pesi il Partito repubblicano». «Perché so giocare di sponda». «Va bene, ho capito. Ma qual è l'obiettivo? Arrivare al 7, al 10, al 12 per cento? Ci metterai trent'anni e saremo tutti morti».

Lui si fermò, mi strinse il braccio. Mi disse: «Non mi importa nulla di fare aumentare i voti del mio partito. Anzi non m'importa del mio partito. Io voglio che i comunisti diventino democratici, la destra italiana diventi democratica, il capitalismo italiano diventi democratico, la borghesia diventi democratica. Noi viviamo in un paese diviso tra due chiese, entrambe con vocazione teocratica, entrambe con due diversi paradisi. Io voglio che cambi sia la sinistra sia la destra. Voglio una democrazia compiuta e matura. A quel punto potrò morire in pace».

Passarono molti anni da quella notte e accaddero molte cose in Italia e nel mondo. Ma ricordo ancora la mattina in cui le agenzie diffusero il testo del discorso di Enrico Berlinguer quando disse che la Rivoluzione d'ottobre aveva perduto la sua spinta propulsiva e bisognava cercare vie nuove per il comunismo. Era l'autunno del '78, Aldo Moro era stato rapito e ucciso dalle Brigate Rosse, un'atmosfera cupa e tesa gravava sul paese.

Squillò il telefono, all'altro capo del filo riconobbi la sua inconfondibile voce e l'accento siciliano che ancora conservava. «Hai sentito?» mi disse. «Ho sentito, sí». «Sono arrivati all'appuntamento. Capisci? Sono arrivati!» «Avremo ancora molta strada da fare», dissi io. «Certo, molta strada, ma si è messo in moto un processo irreversibile. Irreversibile», ripeté scandendo quella parola. «Adesso tocca a noi, perché tutti gli altri tenteranno di non farli uscire dal ghetto. Tocca a noi aprirgli la strada. Gli hanno buttato quel cadavere di traverso per tenerli dietro ai cancelli del ghetto, ma non sarà cosí. Tocca a noi aiutarli e pungolarli». Era una voce appassionata e missionaria.

Quella telefonata io la pubblicai sul giornale che dirigevo. E poi cercai come potevo di tener fede all'impegno di pungolarli e aiutarli ad uscire dal ghetto e ad approdare alla democrazia compiuta.

Lui morí poche settimane dopo. Un colpo improvviso. La politica per lui fu, non a parole, la visione del bene comune. Cioè una visione morale.

Però fu una rara eccezione.

Aiutare il Partito comunista ad uscire dal ghetto non fu un'impresa facile anche perché «tutti gli altri», come Ugo La Malfa aveva preconizzato, fecero il possibile per farcelo restare. Ma il popolo comunista sciamò fuori da quei cancelli. Lo si vide dall'andamento dei giornali: gran parte dei lettori dell'«Unità» e di «Paese Sera» si riversarono su «Repubblica» che – anche a causa di questo afflusso – superò sia «La Stampa» sia, poco dopo, il «Corriere della Sera».

Il popolo comunista dunque uscí dal ghetto. E Berlinguer?

Ho conosciuto abbastanza da vicino il segretario del

Pci per azzardare un giudizio; accanto ad un rapporto di tipo professionale tra un uomo politico di peso nazionale e internazionale e un giornalista interessato a seguirne e comprenderne la strategia si sviluppò infatti un'amicizia privata, una confidenza che mi fece capire alcuni suoi aspetti caratteriali e alcune sue convinzioni radicate nell'ambito familiare in cui era nato e cresciuto.

Il primo di questi aspetti era quello di una adamantina onestà intellettuale che gli conferí autorevolezza sia all'interno del proprio partito sia al di fuori di esso, in Italia e in Europa. Se ne ebbe conferma al momento della sua morte e ai suoi funerali. Quella bara seguita dai suoi familiari e da una fiumana di persone in lacrime rappresentò l'omaggio corale della nazione al di là d'ogni barriera ideologica e di ogni steccato di classe e di generazione.

Un altro aspetto fu il senso delle istituzioni e della loro valenza democratica sancita dalla Costituzione. Sulla scia di Togliatti e di Longo, ma senza la «doppiezza» che era stata una delle caratteristiche piú marcate del primo.

Togliatti aveva due pedali a disposizione per attuare la sua strategia: il legame con Mosca e la funzione costituzionale del Pci in Italia.

Berlinguer lavorò per allentare e infine recidere la dipendenza del Partito comunista italiano dal Cominform e imboccò con decisione una strategia che mirava a fare del Pci la sentinella della nostra Costituzione. In questa prospettiva ingaggiò la battaglia della questione morale che, come tante volte spiegò, non era ispirata da un moralismo episodico ma puntava al centro del problema: l'occupazione delle istituzioni da parte dei partiti e la costituzione materiale che ne era derivata. Essa dava ai partiti un ruolo improprio e asserviva le istituzioni ai loro appetiti, ai loro interessi, alle loro oligarchie.

Sembrò un paradosso o, peggio, un'enorme ipocrisia la lotta contro l'occupazione partitica delle istituzioni da parte del leader del Pci, un partito nato e cresciuto attorno a una ideologia totalizzante che non lasciava spazio ad alcuna autonomia neppure nella vita privata e nei rapporti tra le persone. «Niente è fuori dal partito» e «Il partito ha sempre ragione»: queste erano le massime e ad esse si appoggiava il metodo del centralismo democratico. Pochi capirono che l'approccio berlingueriano al tema della questione morale mirava ad una trasformazione dei partiti a cominciare dallo stesso Pci.

Nei colloqui privati che ebbi con lui toccammo piú volte questo punto del problema che era chiarissimo nella sua mente: il distacco da Mosca significava per lui anche la trasformazione del partito, del suo funzionamento interno, la creazione di un nuovo gruppo dirigente piú libero, meno oligarchico e aperto al rinnovamento. Da questo punto di vista era vicino ad Ingrao anche se non condivideva il suo movimentismo.

Si schierò con Dubček e con la Primavera di Praga non solo per difendere l'autonomia dei paesi dell'Europa centrale da Mosca, ma anche nell'ottica del «socialismo dal volto umano» che Dubček propugnava.

Questo fu il Berlinguer in cammino verso la piena e

compiuta democrazia. Cammino irreversibile, come La Malfa aveva intuito. E tuttavia con una serie di elementi frenanti che ritardarono drammaticamente l'evoluzione del Pci. Anzitutto: Berlinguer fu antistalinista ma continuò a pensare che la Rivoluzione d'ottobre era stata una svolta storica che aveva fortemente contribuito a modificare gli equilibri geopolitici del mondo. Rifiutò sempre di estendere a Lenin la condanna krusicoviana contro Stalin. Alla fine riconobbe che quella rivoluzione aveva perso la sua forza propulsiva continuando tuttavia – cosí pensava – ad irradiarla nel mondo come tenace speranza dei deboli, degli oppressi e degli esclusi. Il comunismo insomma restava un ideale anche se l'esperimento staliniano ne aveva realizzata una drammatica e grottesca contraffazione.

Infine – altro elemento frenante, ed anzi quello che maggiormente influí sul ritardo dell'evoluzione politica del Pci – Berlinguer voleva portare all'appuntamento democratico tutto il popolo comunista; non ammetteva neppure come ipotesi di procedere senza la convinta unità di tutto il partito. Conosceva bene la forza del sedimento ideologico e passionale e avvertiva che se fosse caduta la «diversità» comunista, una dose di cinismo avrebbe contagiato anche il suo partito cosí come aveva già profondamente inquinato tutti gli altri.

Lo spettacolo che proprio in quegli anni stava dando il Partito socialista di Craxi lo atterriva, e fu una delle cause – non la sola – che spiegano perché fra lo strappo berlingueriano da Mosca e l'abbandono della tradizione comunista da parte di Occhetto siano passati tanti anni, che possiamo addirittura estendere fino allo scioglimento dei «Ds» e alla nascita del Partito democratico. Tanti anni perduti per la democrazia italiana.

Ho dedicato l'attenzione che meritano a queste due figure – Ugo La Malfa ed Enrico Berlinguer – dell'Italia repubblicana perché sono paradigmatiche della moralità della politica. Ciascuno dei due era portatore d'una visione del bene comune e ciascuno dei due sapeva che la sua visione aveva bisogno, per realizzarsi, del contributo di altre forze, di altre culture, di interessi ed esperienze diversi dai propri.

La politica coincide dunque con la morale? Ripropongo la domanda che ho già formulato nelle pagine precedenti. È quello il suo fondamento? Gli eventuali scostamenti, anche se numerosi, rappresentano soltanto eccezioni biasimevoli che non intaccano però la moralità della politica e il suo compito di realizzare una convivenza sociale armoniosa e capace di procurare felicità e sviluppo alle nazioni e al mondo?

Ho già risposto a queste domande. Penso che politica e morale abbiano fondamenti distinti. I loro territori confinano ma non coincidono. Spesso addirittura morale e politica confliggono e si scontrano. E spesso questo scontro avviene nell'intimo della stessa persona, divisa tra il desiderio ed anzi il bisogno di giovare al proprio prossimo anche a scapito di se stessa e l'opposto desiderio – anzi l'imperiosa necessità – di affermare se stessa e la propria volontà di potenza.

Questo infatti è il punto decisivo sul fondamento della politica. Non la visione – morale – del bene comune, ma la volontà di potenza nel senso nicciano del termine.

La potenza è la misura della vitalità. Ma anche delle ossessioni. Delle nevrosi. Della paura della morte. Piú si ha paura della morte piú è intensa la vitalità e la volontà di potenza.

Penso ad Achille e ad Ettore, al loro duello alle porte Scee sotto le mura di Ilio al cospetto dei due eserciti schierati. La grande poesia omerica, molto piú della filosofia, ci racconta il mistero della vita e della morte, l'istinto di sopravvivere, la volontà di potenza sul doppio binario dell'amore di sé e della difesa della «polis».

Sopravvivenza e volontà di potenza: un unico istinto che germina nei recessi profondi del «sé» ed erompe nella regione consapevole dell'io con un corteggio di sentimenti e di affetti.

Il corpo è interamente impregnato di volontà di potenza, gli organi che lo compongono non hanno altro fine che di preservarla ed accrescerla, l'io la guida, la modera, la mantiene alla giusta temperatura affinché non bruci se stessa e non si estenui per mancanza di tensione.

L'io è una figura psichica duale, alimentata dall'amore per gli altri e dalla brama per il potere. Ma a popolare il suo teatro sopravviene un terzo sentimento ed è quello della pietà.

Ancora una volta la grande poesia epica aiuta a comprendere questi stati dell'anima.

Dopo il poeta dell'*Iliade* spetta al Virgilio dell'*Eneide* introdurre la «pietas» di Enea, figlio di Anchise, fuggito dalle rovine della sua città in mezzo alle urla del massacro e al fumo degli incendi, col vecchio padre sulle spalle e il figlio bambino per mano, seguendo il suo destino di fondatore della nuova Ilio e del nuovo impero.

Mille anni dividono l'eroe dell'età augustea dagli eroi omerici dell'età del bronzo. Anche lui, come già Odisseo, vaga a lungo sul mare dalle molte voci. Anche lui incontra mostri e Sibille, anche lui perde molti compagni. E discende agli Inferi per poter arrivare alla spiaggia del suo destino. Incontra l'amore rapinoso di Didone e lo ricambia con tutto il cuore, ma il destino e gli dèi gli impongono di ripartire. Anche lui scommette la sua posta nel gioco crudele della guerra.

Ma quando si incrociano le spade fra i troiani e i latini, la «pietas» fa il suo ingresso nel campo di battaglia. Enea uccide Turno in un accesso d'ira ma avrebbe voluto risparmiarlo, e poi gli tributa il saluto delle armi, Achille invece aveva legato il corpo di Ettore al suo carro trascinandolo per tre volte attorno alle mura di Troia, sfregio supremo contro la dignità dei morti e contro il volere degli dèi.

Quando, all'inizio del duello, Ettore propone al figlio di Peleo che il vincitore restituisca il corpo del vinto ai familiari affinché gli diano onorevole sepoltura, Achille risponde: «Non ci sono patti tra gli uomini e i leoni, senza tregua sono nemici, cosí tra me e te non ci può essere amicizia prima che uno di noi cada e sazi di sangue Ares dal possente scudo». La volontà di potenza del leone non conosce la «pietas» del pio Enea, fondatore di imperi.

Capitolo dodicesimo

Eraclito detronizza Parmenide

Cosí siamo di nuovo a Nietzsche.

Nell'opera di questo eversore di dogmi e di sistemi si congiungono tanti fili e tanti se ne dipartono. La volontà di potenza è uno di quelli, sebbene non esista un suo libro con quel titolo. Ne ha disseminato le tracce in molte delle sue opere, e furono poi i sospettabili eredi a manipolarle e raccoglierle in un disegno unitario postumo e poco affidabile. Ma inquadrati nel contesto complessivo del suo pensiero la volontà di potenza e l'affetto per il potere rappresentano l'elemento che meglio caratterizza la nostra specie. Direi l'ossessione del potere che, insieme all'affetto amoroso, è una delle forze che governano il mondo. Il potere forse ancor piú dell'amore, poiché c'è – eccome se c'è – una componente di potenza anche nell'amore.

Nel tardo Nietzsche tuttavia la volontà di potenza si tinge anche di un diverso colore, la freccia cambia direzione e bersaglio. Non piú o non soltanto la conquista del mondo esterno e l'ipertrofia egolatrica, ma al contrario lo smantellamento dell'io, condizione necessaria per conoscere e penetrare le cose senza devastarne la struttura.

Nel tardo Nietzsche della *Gaia scienza* e di *Umano, troppo umano* anche il superuomo cambia natura. Il suo obiettivo non è piú il capovolgimento dei valori e il rifiuto della morale, scompare la somiglianza con «L'Unico» stirneriano. La molteplicità delle cose non è piú oggetto d'una riduzione ma al contrario diventa segno di ricchezza, possibilità che esse comunichino tra loro, ciascuna insediandosi nell'altra, trasformandosi nell'altra, attraverso un continuo scambio di esperienze e di metamorfosi.

Il creatore del superuomo approda cosí, attraverso ardui passaggi esistenziali prima ancora che mentali, all'Essere della sapienza indiana, al Brahma, alla fluidità delle forme. La volontà di potenza non si esprime piú con la cultura della forza e della guerra, le parole e le immagini ricorrenti diventano il canto, la danza, le sorgenti, le architetture leggere dell'arte, la bellezza dell'esistente, la drammaticità del suo perire, la consolazione del suo eterno ritorno.

L'altro superuomo, quello della violenza e del dominio, non è scomparso. La sua presenza è funzionale alla nostra doppia natura ragionante e istintuale. Da questo dualismo nasce la visione nicciana del dualismo tra Apollo e Dioniso, opposti ma congiunti. Apollo, signore e custode delle forme, del nitore splendente della luce, dell'incontaminazione. Dioniso dio dell'ebbrezza, della possessione, dell'orgia iniziatica, dei riti notturni e misterici. Sbranato dalle menadi e sempre risorgente.

Nietzsche non sceglie tra la linea apollinea e l'indistinto dionisiaco, tra la nettezza della luce e l'ambigua occiduità dell'ombra. Gli sono ambedue necessari. Tutto è doppio nel suo universo, tutto è ambiguo, tutto è mobile. Perfino le stelle sono danzanti.

Rileggete con attenzione quella frase nicciana che esprime l'intero senso del suo pensiero, il caos dal quale emergono le stelle danzanti. L'immagine è poetica, emana un'eccezionale forza evocativa. Significante di molti significati.

Quello piú immediato riguarda la mobilità (danzante) della forma (la stella). La stella è materia incandescente, fuoco, luce, scambio continuo di energia e materia, un ammasso cosmico emergente dal caos.

Il caos è l'increato, il pre-esistente, l'informe che genera forme e le accoglie di nuovo nella sua caoticità quando esse si disfano.

Ma le forme come Nietzsche le concepisce non sono definibili univocamente perché si offrono alla visione e all'interpretazione di chi le guarda. Ecco perché le forme nella cosmogonia nicciana sono danzanti. Elusive. Piú che una cosmogonia quella che Nietzsche descrive, anzi evoca, è un'epifania, il racconto eternamente mutevole ma eternamente ripetitivo di uno stesso evento creativo. Scrive: «Eterno è l'anno dell'essere. Eterno è l'anello dell'essere». Ma scrive anche: «In ogni attimo comincia l'essere. Il centro è dappertutto. Ricurvo è il sentiero dell'eternità».

In altre sue pagine descrive l'eterno ritorno, profetizza che ogni fatto, ogni pensiero, ogni persona e tutto ciò che è già accaduto torneranno a riproporsi tali quali furono. Come se attingesse al mistero cristiano della resurrezione dei corpi, proprio lui, il distruttore delle religioni, l'annunciatore della morte di Dio, il filosofo che ha scritto la parola fine sotto il capitolo della metafisica.

Ma quando, invece di descrivere ciò che è indescrivibile, evoca; quando lascia poeticamente aperto l'accesso al significato del suo pensiero, allora il ritorno degli accaduti non è mai lo stesso, perché nessun accaduto è univoco. Il fatto non è un fatto ma una miriade di fatti quante sono le interpretazioni. Non c'è un «vero» oggettivo e assoluto ma una moltitudine di verità soggettive. Perciò l'eterno ritorno è un atto creativo continuo di forme, ciascuna delle quali non è mai identica a se stessa poiché non esiste un unico se stesso ma quello che vive nello sguardo di chi lo contempla, fosse pure lo sguardo dell'io che guarda vivere il se stesso mentre cambia in ogni attimo.

Nietzsche è stato il solo pensatore che abbia chiuso veramente i conti con la metafisica. Nessuno dei filosofi che l'hanno preceduto era riuscito o aveva voluto liberarsi da quel fantasma. Non Cartesio, tanto meno Leibniz. Neppure Spinoza, il cui immanentismo poggia comunque sull'immutabilità della «sostanza» anche se nell'emergere delle forme anticipa la visione nicciana. Neppure Kant che mantiene aperto un varco al teismo, pur escludendolo dall'area della ragione ragionante. E certo non Hegel e tanto meno il suo nemico giurato Schopenhauer.

C'è un solo pensatore che cinquant'anni prima di Nietzsche era arrivato ad analoghe conclusioni, ed è

Giacomo Leopardi. Ma la sua grandezza poetica ha ingiustamente oscurato la disperata lucidità con la quale cancellò ogni appiglio di senso che potesse sorreggere le nostre umane vicende.

Quanto a Heidegger, rappresenta un caso del tutto singolare nella storia delle idee, per la finezza del suo pensiero ma anche perché, partendo da Nietzsche e direi disossandone l'opera con consumata professionalità, ne capovolge le conclusioni recuperando la metafisica attraverso l'ipostasi dell'essere come tessuto eterno di tutti gli enti.

Diversa ed anzi opposta è la concezione di Nietzsche. Per lui la parola essere è sinonimo di un tumulto cosmico in continuo divenire e quindi flusso perenne che sposta sulla rifrazione di ciascun ente una centralità che è dovunque e quindi in nessun luogo, affidando ad una rete immensa e cangiante di interpretazioni la conoscenza e quindi l'entificazione di ciascuno di essi.

Svanisce la metafisica e resta un flusso caleidoscopico di immagini che costituiscono la variabile, fluente e relativa verità.

Questa è la visione che ci ha consegnato l'autore di *Zarathustra*. Non è una visione nichilista. Nietzsche aborriva il nichilismo. Scrisse però che bisognava spingerlo fino alle estreme conseguenze per poterlo infine superare. Per quanto poté, questo fece. Affidò il senso a segmenti di senso. Chiuse con il pensiero che aveva dominato la filosofia da Platone in poi. Cancellò gli archetipi, che per duemila anni erano stati il punto di riferimento immutabile e trascendente dei mortali.

A queste conclusioni arrivò gradualmente e con fatica e tormento. Tra il giovane filologo che vede in Wagner il suo maestro e il filosofo che constata la morte di Dio (non la sua inesistenza ma la sua morte) si compie una trasformazione dolorosa, una distruzione di valore epocale, la fine di una storia e il principio di un'altra.

Oggi l'evoluzione scientifica e insieme visionaria della fisica neoquantistica sembra convergere con il relativismo nicciano delle interpretazioni e con il superamento del «noumeno» kantiano. Non esiste la cosa in sé, esiste una cosa plurima, interpretabile e interpretata. La fenomenologia riacquista il posto che le spetta nel momento stesso in cui cade in rovina l'architettura delle idee archetipiche.

In questo universo di stelle danzanti Eraclito detronizza Parmenide, l'essere fluisce nel divenire, il senso si recupera nell'azione, cioè nella vita; la morale coincide con la responsabilità e con la sopravvivenza degli altri, senza i quali il misero animale io non potrebbe sussistere.

E Dio non è morto: c'è finché qualcuno lo guarderà. Perciò ci sarà sempre.

Capitolo tredicesimo

L'innocenza riconquistata

Quanto a me, non guardo Dio da moltissimi anni. Forse non l'ho mai guardato, neppure ai tempi della mia infanzia devota.

Le funzioni alle quali assistevo insieme a mia madre erano momenti di devozione rituale: il rosario, la lunga sequenza delle giaculatorie, quell'alzarsi e sedersi e inginocchiarsi a comando, chinare la testa al suono del campanello guardando di sottecchi il prete che alzava l'ostensorio e il calice e infine il nostro prendere l'ostia sulla lingua badando di non masticarla perché era il corpo del Signore e masticarlo gli avrebbe causato pena. Erano tutti atti liturgici ai quali partecipavo con diligenza, mi piaceva l'odore acre dell'incenso, il canto gregoriano, il colore dei paramenti del sacerdote che cambiavano nelle diverse occasioni rituali. Ma Dio non c'era mai nei miei pensieri. Era un nome cui non corrispondeva alcuna immagine e non suscitava alcuna emozione.

Non c'era neppure Gesú. Quel corpo d'avorio stilizzato, scheletrico, inchiodato ad una croce di legno nero mi incuteva semmai un certo ribrezzo ma nessuna drammaticità, tanto piú che il seguito del racconto tante volte ripetuto era a lieto fine: dopo tre giorni sarebbe risorto piú bello e piú miracoloso di prima, per garantirci la salvezza e la futura vita eterna dove lui ci attendeva con la Madonna accanto e tutti i santi intorno. E noi, io, a poca distanza, insieme ai nostri genitori, ai nonni, gli zii, i cugini, tutti uniti per l'eternità. Bastava esser buoni per meritare un cosí grande premio.

Esser buoni. Per me non era difficile perché mi ero sempre sentito buono. Ubbidiente. Studiare non mi faceva fatica. Ottenevo buoni voti a scuola. I compagni erano amici.

Uno di loro, che qualche volta veniva a casa mia per fare i compiti con me, un giorno aprí la vetrina del salotto dove conservavo i miei giocattoli, soldatini di piombo e di cartapesta, una bambolina cinese che mandava un tenero suono di pianto e apriva e chiudeva gli occhi, un cappello a lucerna da carabiniere, una sciabola con l'impugnatura argentata, l'automobile dei pompieri tutto rosso con la scaletta gialla. L'aprí, li tirò fuori e li buttò tutti dalla finestra nel giardino sottostante. Lui era fatto cosí, era trasgressivo, faceva tutto ciò che era vietato. Però mi voleva bene, almeno cosí credevo, e io ne volevo a lui.

Quel gesto fu cosí improvviso e imprevisto che non potei far nulla per impedirlo, scoppiai in un pianto dirotto che lo stupí perché per lui era un gioco che trovava molto divertente.

Poiché il mio pianto continuava, mi venne vicino, mi consolò e mi promise che me li avrebbe ricomprati tutti. Poi scendemmo nel giardino a piano terra per ritrovarli, e fu davvero un bel gioco con tante sorprese.

Ci divertimmo molto e io lo perdonai. Perché ero buono e la vita eterna in Paradiso, con Gesú, gli angeli e mamma e papà, me la meritavo.

Dio non lo guardavo. Nel mio orizzonte mentale non c'era se non come assicurazione d'un futuro senza fine.

Adesso che sono vecchio ho altri pensieri.

Una rivista americana che fa periodicamente sondaggi tra scrittori e giornalisti europei, mi ha inviato tempo fa un questionario in cui campeggiavano quattro domande: «Pensa spesso al passato? O pensa invece al presente? Oppure al futuro? Pensa spesso alla morte?»

Non ho risposto, non sono domande da questionario anche se molto invitanti. Però mi hanno fatto riflettere. A che cosa penso piú spesso?

La risposta è ovvia e credo che valga per ciascuno di noi: pensiamo soprattutto al presente, cioè alla vita nel momento stesso in cui si svolge sotto i nostri occhi. Ci guardiamo vivere, partecipiamo col pensiero ai nostri atti, anzi li guidiamo, programmiamo i successivi, valutiamo quelli appena compiuti. Nel presente atti e pensieri sono cosí fittamente intrecciati che non riesci quasi a distinguere l'uno dall'altro.

Probabilmente pensare il presente, il tuo presente, non si può neppure definire con la parola pensiero. Quel sostantivo, con il suo verbo e gli aggettivi che ne derivano, esprime un'operazione mentale separata dagli atti. Non dal corpo, come filosofava Descartes, ma dall'azione. Il pensiero ha bisogno di distacco dall'azione per acquistare la densità necessaria. Camminare aiuta a pensare purché sia un atto ripetitivo; ma se stai facendo una ferrata in montagna non puoi che pensare agli appigli e a dove mettere i piedi, che appunto non è pensare.

Quanto al futuro e al passato è diverso proprio perché non implicano un'azione. E qui la risposta è piú impegnativa ed entra in gioco anche l'età della persona pensante.

Molte persone, invecchiando, fanno programmi per il futuro. Sembra paradossale e infatti lo è, ma accade di frequente: piú si invecchia e piú ci si aggrappa al futuro, si briga ancora per avere un incarico, un riconoscimento, un invito; si progetta una nuova impresa.

In realtà si sfida la morte. Si compie un esorcismo estremo contro di lei, la si fa aspettare fuor dalla porta, almeno fin quando il tuo obiettivo non sarà realizzato. E se realizzandosi ti porterà un po' di gloria e un pizzico in piú di memoria di te, allora avrai guadagnato qualche giorno prima di entrare definitivamente nel silenzio immemore dell'eternità.

(Mentre scrivo mi viene da pensare che anche queste pagine fanno parte degli esorcismi, cosí come accatastar libri in casa che ti proponi di leggere, ordinar vestiti che vorrai portare finché il tessuto non sarà logoro e insomma compiere atti e attivare iniziative che si declinano al futuro, a fronte delle quali sorella morte è pregata di pazientare ancora per un po' in compagnia dell'angelo e del diavolo che si contenderanno l'anima tua).

Questi squarci di pensiero futuribile sono comunque atti di vita e come tali meritano d'essere apprezzati se non diventino, come purtroppo spesso accade, misere zattere di salvataggio sulle cui sconnesse tavole si dibatte la caricatura di quella che è stata una persona e che ora è diventata un ingombro inutile. Ha scritto Lucrezio: «Nec ullam rem gigni patitur nisi morte adiuta aliena».

Pensare al passato si addice ai vecchi. È il loro modo piú naturale di proseguire il viaggio dentro se stessi, ammesso che in un certo punto della vita l'abbiano intrapreso.

Il passato comincia insieme alla memoria. Ne ricaviamo ricordi, esperienze, imprese compiute o immaginate, amori, persone, luoghi, colpe, terrori, vizi. Ed anche occasioni mancate, speranze che avrebbero potuto diventare realtà e non furono, fiori secchi abbandonati su strade polverose.

Il passato. Cioè il tempo trascorso, messo sempre a confronto con quello che ancora ci resta, e piú questo si accorcia piú quello si allunga all'indietro fino a quando sarà arrivato alla barra di confine e tutto sarà ormai dietro di te.

Ma il passato, quando lo rammemori, non è mai eguale a se stesso, non esiste un passato pietrificato e una memoria che lo fotografi con la stessa luce e dalla stessa posizione. La memoria vive con te e cambia insieme a te, la macchina da presa è in perenne movimento e con essa anche il passato diventa mobile, tingendosi dei tuoi variabili sentimenti e contesti.

E tu, tu sei tutt'uno col passato che ti porti addosso e che ballonzola e ondeggia sulle tue spalle seguendo i tuoi passi e le tue movenze.

Scrittori e poeti vivono soprattutto sulla memoria di sé e del mondo, soffusa di sentimenti malinconici, di immagini evanescenti, di amori che rivivono non appena il ricordo li risvegli e li riproponga e cosí le gelosie, il possesso, l'odio, la guerra, i trionfi, le sconfitte: un grande teatro che la memoria manda continuamente in scena. Talvolta obbedendo al comando della mente, talvolta per sua immotivata e autonoma decisione, senza che tu l'abbia voluto o chiesto.

I progetti di futuro sei tu che li pensi e li costruisci, il passato invece può invadere la mente a tua insaputa e addirittura contro il voler tuo. E la ragione è ben chiara: il futuro è ancora tutto da costruire, il passato è il te stesso già inverato. Cambia con te, ma non ti abbandona neppure un istante. Talvolta vorresti disfartene, ma non puoi.

Uno dei massimi scrittori che ha attinto dal passato tutta la tavolozza dei suoi colori, descrive plasticamente come nessuno prima di lui aveva fatto qual è la vera figura d'un individuo che siamo abituati a vedere attraverso le fotografie istantanee che l'occhio registra. Noi mutiliamo la figura se l'amputiamo del passato che l'accompagna.

Scrive Proust ne *Il tempo ritrovato*: «Mi sembrava che non avrei avuto la forza di tenere ancora avvinto a me quel passato che discendeva da cosí lontano. Se almeno essa mi fosse stata lasciata abbastanza a lungo da poter condurre a compimento la mia opera, non avrei mancato di descrivere gli uomini, anche se questo avrebbe potuto farli somigliare a esseri mostruosi, occupanti un posto ben piú considerevole accanto a quello, cosí angusto, riservato loro nello spazio; un posto, al contrario, prolungato a dismisura – poiché essi toccano simultaneamente, giganti immersi negli anni, età cosí lontane l'una dall'altra, tra le quali tanti giorni sono venuti a interporsi – nel Tempo».

Esseri misteriosi? Giganti immersi negli anni? Sí, se il tempo si trasformasse in spazio visibile. Pensate: un uomo, una donna, con addosso tutto il suo passato, certamente sarebbe una mostruosa visione e renderebbe impossibile una qualsiasi convivenza sociale. La coerenza risulterebbe inesistente in una vita esposta in sequenza agli occhi di tutti, e cosí la morale mille volte tradita dall'egoismo, la fedeltà mille volte violata, l'amicizia e l'amore mille volte spenti e riaccesi con altri volti. E cosí le storie interrotte, le imprese lasciate a mezzo, verità ritenute assolute e poi negate e abbandonate per abbracciarne altre diverse e magari opposte.

Per nostra fortuna, anzi per fortuna della nostra specie, il tempo non si trasforma in spazio; fra le tante metamorfosi immaginate, questa descritta da Proust non è neppure pensabile, resta un espediente letterario con il fascino di un incubo. Eppure...

Eppure i viaggi nell'anima (perché di questo si tratta) sono possibili. Alcuni ci hanno provato. Pochi li hanno raccontati, ma il racconto non è mai fedele. Non per mancanza di coraggio – qualcuno quel coraggio l'avrebbe – ma perché la memoria è accomodante.

Quel racconto, se fosse veramente fedele, distruggerebbe l'identità, distruggerebbe l'io e l'io si difende, sbarra la strada, ostruisce il cammino. Sublima, direbbe Freud.

Le grandi opere letterarie sono il frutto di questa sublimazione. La *Recherche* è una di quelle. L'*Ulisse* di Joyce. Kafka soprattutto. Céline. Pascal. Dostoevskij.

Viaggi nell'anima per interposte persone, anzi per interposti personaggi.

Misurano la nostra dicotomia, la nostra natura duale, stretta tra l'angelo che non siamo e l'animale che non siamo piú. Misurano il male del vivere a ridosso della coscienza.

Agostino, che quel viaggio l'ha tentato e raccontato, intravede la beatitudine nel momento in cui rientreremo nei giardini dell'Eden e mangeremo finalmente i frutti dell'albero della vita. A quel punto avremo riconquistato la felicità dei Progenitori prima della cacciata, deporremo la coscienza ai piedi del Signore per vivere all'ombra della sua luce.

Il racconto di Agostino è circolare, ritorna da dove è partito. Dunque il viaggio è insensato, un mistero della fede. Anzi una favola per dare un senso al non senso. Ma un grandissimo testo letterario e consolatorio per chi chiede d'esser consolato.

Penso anche alla morte. Mi sono allenato a sopportare quel pensiero, come dalle sue pagine mi ha tante volte suggerito Montaigne. Diceva che bisogna portarlo sulla spalla, il pensiero della morte, come i signori del suo tempo portavano sulla spalla il falcone quando andavano a caccia nei boschi e sulle rive della Dordogna. Se segui quel consiglio, lei ti diventa amica. In fondo fa parte della tua vita che avrebbe tutt'altro sapore se tu non sapessi di quell'appuntamento finale.

Ecco un altro regalo della nostra mente al quale la grande maggioranza di noi cerca in tutti i modi di sfuggire.

Degli esorcismi ho già parlato: sono atti di vita, impulsi di creatività. Se fosse possibile raccontare la propria morte e di lí procedere a ritroso narrando la propria vita, allora sí che l'autobiografia diventerebbe un genere letterario maggiore. Ma purtroppo non si può. Anche in questo caso, come per i viaggi nell'anima, si sublima per interposte persone. Quelle che abbiamo visto morire, che abbiamo accompagnato a morire come potevamo e con l'amore di cui disponevamo.

A me è capitato due volte, due anni fa e trentasei anni fa. Mia moglie e mio padre.

Non so raccontare quei mesi e quei giorni se non per dire che, fin quando insieme a quell'amata persona anche tu combatti ora per ora col male che la sta distruggendo, quel male diventa il senso della tua vita. Cosí passano lunghe e affannose giornate con lei che chiede sollievo a bisogni minimi, quasi scusandosi per il fastidio che ti dà, mentre tu vorresti essere al suo posto pur di non vederla soffrire e intanto non puoi fare altro che spostare una lampada, socchiudere un'imposta, porgere un bicchiere, tergere la fronte, leggerle la pagina d'un giornale o di un libro.

La notte è peggio. A volte sprofondi in un sonno nel quale riversi tutta la tua cieca stanchezza; altre volte dormi a sussulti e vai a spiare dallo spiraglio d'una porta la veglia dolorosa del malato. A volte sogni.

Quei sogni li ho dimenticati, ricordo soltanto incubi angosciosi, precipizi senza fondo, pareti che si stringono lentamente e inesorabilmente su un verme che sono io, fantasmi senza volto né voce che mi sfiorano. Rievocarli mi sembra, non so perché, indecoroso.

Infine, per te che assisti impotente con la sola preghiera in gola che finisca finisca finisca e stringi quella mano scheletrita che ancora qualche minuto prima rispondeva alla stretta e l'anima si era trasferita lí, solo lí tra quelle dita intrecciate, l'ultimo respiro, l'ultimo singhiozzo e un immenso vuoto. I pensieri si fermano, la mente si raggela, ti sembra che il sangue nel tuo corpo non circoli piú. È vuota anche l'anima, priva di sentimenti, senza dolore. Morta.

Poi la paralisi dei pensieri e dei sentimenti si stempera sotto il peso delle incombenze, i medici, i certificati, il funerale, i parenti, gli amici. Il vuoto si trasforma nella percezione quasi fisica d'una mutilazione, la mancanza di una parte di te che sta dentro a quella cassa di legno, in quella fossa di terra che la racchiude, in quella presenza assente e nella sua assillante memoria, nelle pareti di quelle stanze, negli oggetti, nei vestiti. Nel pianto segreto che suscita pianto.

Il vuoto non se ne va presto. Lo si porta dentro per un pezzo mentre riprendono i gesti quotidiani, fino a quando l'essenza della persona che non c'è piú sia diventata essenza tua, metabolizzata nelle tue fibre, nelle tue cellule, sostanza eterea e nutritiva di affetti che resterà con te perché è ormai parte della tua vita come mai prima era stata. Per sempre.

Sí, io penso alla morte ma non molto spesso. È un evento che mi riguarda sempre piú da vicino ma che non è piú un mio problema. Se mai sarà un problema di chi mi vuol bene e ne soffrirà. Questo mi preoccupa e a volte cerco i modi per limitare quella sofferenza prevista e semplificarne il corso.

Anche questa è una sfida che allunga il futuro: programmarti il funerale, il luogo, le musiche, le presenze. Ti conforta pensare che non lo fai per te ma per loro, per i tuoi cari come si dice pudicamente, per i miei amori come dico dentro di me.

Agli amori che già avevo, da sette anni se n'è aggiunto un altro, il mio unico nipotino, biondo e bello come un angelo, vispo come un demonietto.

Sono un nonno tardivo e perciò tanto piú felice di questo dono che non speravo piú di ricevere. Per mia natura ho uno spirito di solito indipendente, non mi faccio condizionare dalle lusinghe né dalle minacce, ma sono invece dipendentissimo dalle persone che amo. Vivo in uno stato di perenne preoccupazione per la loro felicità. Qualsiasi cosa possa turbarle, me ne accorgo anche se me lo nascondono e quel turbamento diventa mio quanto loro e a volte di piú.

Per lui, per il mio sopraggiunto nipotino, le mie preoccupazioni sono di un tipo diverso: non riesco a immaginare come sarà tra dieci o venti anni, quali saranno le sue vocazioni, la sua figura fisica, la sua tempra morale. Quale sarà la sua visione del mondo quando la sua mente si aprirà alla conoscenza delle idee.

Ma intanto di una cosa sono certo: dopo di me ci sarà lui e dentro di lui c'è anche un po' di sangue mio. So che questo pensiero è molto naturalistico, non bisognerebbe mai ragionare in termini di consanguineità, per chi la pensa come penso io è un errore grave. Eppure quando la prima volta ho potuto prenderlo in braccio, proprio questo ho sentito: che la mia storia non era finita perché quel fagottino morbido entrato da pochi minuti nel mondo portava dentro di lui anche una parte di me. Le mie convinzioni sono sempre lí, radicate nella mente, ma il mio «es» ha mandato quel segnale che, tradotto in parole, dice quanto sia meraviglioso che la vita continui e che si possa diventare nonni.

Penso poco alla morte perché non c'è granché da aggiungere a quel tema. Con lei credo d'aver già fatto i miei conti, non mi fa paura. Certo l'idea del suo inevitabile arrivo non mi rallegra, pensiamo tutti d'avere ancora molte cose da fare ed essere interrotti non fa piacere. Ma io non credo che questo sia il mio caso, non ho progetti per il futuro. Invece ho ancora cose da fare, sentimenti e affetti da esprimere nel presente, conoscenza di me e del mondo da arricchire. Insomma condurre una buona vita finché durerà. Sono circondato da molto amore e lo ricambio con pari intensità, ricambiare l'amore non costa fatica, anzi l'amore vero dà riposo e beatitudine.

La vecchiaia, almeno per quanto ne so io, è l'età in cui la quiete rappresenta un traguardo desiderato; anche un lusso. Chi può concedersi la quiete gode di un privilegio che dipende un po' dalla fortuna e un po' dalla vita che ha condotto prima di arrivare a questa stagione.

Se è stata una vita piena, se hai potuto realizzare te stesso al meglio delle tue capacità, se hai conosciuto amore e dolore, se hai accettato i tuoi limiti ma hai utilizzato tutte le valenze vitali delle quali disponevi, se non hai prevaricato, se infine non sei stato avaro di te stesso; questo vuol dire aver fatto i conti con la morte.

C'è un rischio in questo quadro, ed è che le cose non siano proprio andate a quel modo; che io le veda cosí, con questa tonalità apologetica e consolatoria, ma che non corrispondano a realtà. C'è il rischio che tu abbia ricevuto piú di quanto hai saputo dare, che tu abbia prevaricato, sia stato avaro di te. Sono gli unici due peccati che io riconosca per gravi e sarei disperato se sapessi di averli commessi. A volte questo dubbio mi prende e torno ad esaminare i fatti della mia vita, gli incontri, le passioni, i contrasti, per scoprire la verità.

Ma infine mi arrendo: poiché è mia ragionata convinzione che la verità assoluta non esista e quella soggettiva e relativa dipenda dal punto di vista con cui guardi te stesso e il mondo, la possibilità che dal tuo sguardo emergano visioni autocritiche e scomode è assai limitata. Poiché l'io è al tempo stesso attore e giudice delle proprie azioni e il metro con cui le misura è da lui stesso costruito, la probabilità che il giudice-attore sia rigorosamente imparziale è molto modesta. Del resto noi siamo forme che la natura casualmente produce.

Una bella canzone che si cantava a Parigi nelle «caves» frequentate da giovani e da poeti, diceva: «Je suis comme je suis, je suis faite comme ça». Non significa assolver tutto. Ma da che cosa poi?

Chi non cerca ricompense ultraterrene aspira soltanto all'innocenza dell'albero della vita. E i frutti di quell'albero, vedi che cosa strana, puoi gustarli soltanto quando sei piú prossimo alla morte.

Sono dolcissimi quei frutti, perciò io sostengo che la vecchiaia è una bella stagione e vale la pena di viverla in una quiete senza ignavia. Una stagione in cui senti assai meno il problema della sopravvivenza individuale e dell'amore di sé, e molto di piú quello dell'amore per gli altri.

La sola innocenza possibile è quella che ti fa scordare la terribilità della morte perché è anch'essa un atto della tua vita.

Indice

p. 3	I.	Una stagione fatata
19	II.	La gabbia dell'io
27	III.	Sweet seventeen
35	IV.	L'innocenza perduta
47	V.	Le stelle danzanti
57	VI.	Il mio viaggio attraverso il fascismo
69	VII.	La morte di Dio
77	VIII.	Donne ch'avete intelletto d'amore
89	IX.	Un mestiere crudele
111	X.	L'istinto della morale
119	XI.	L'istinto della potenza
131	XII.	Eraclito detronizza Parmenide
137	XIII.	L'innocenza riconquistata

Stampato per conto della Casa editrice Einaudi
presso Mondadori Printing S.p.A., Stabilimento N.S.M., Cles (Trento)

C.L. 19419

Ristampa						Anno			
5	6	7	8	9	10	2008	2009	2010	2011